나를 잃지 않고
오늘을 사는 법

나를 잃지 않고
오늘을 사는 법

가토 다이조 지음 | 이정은 옮김

홍익출판 미디어그룹

나에게서
가치를 찾아라

나 자신을 있는 그대로 받아들인다는 말이 있습니다. 이 말은 대체 무슨 뜻일까요? 누구나 주위 사람들이 나를 쉽게 받아들이면 기분이 좋아집니다. 반대로 사람들에게 거부를 당하면 상처를 받습니다.

그런데 곰곰이 생각해 보면 주위 사람들이 나를 받아들이는 것보다 나 자신이 스스로를 받아들이는 편이 훨씬 기분 좋고 중요한 일입니다. 타인에게 의존하는 삶이 아니라 자기 자신으로 살아가기 위해서는 있는 그대로의 나에게서 가치를 찾는 것이 중요하다는 이야기입니다.

스스로를 거부하면 고통의 원인이 됩니다. 거기서부터 불쾌한 기분이 솟아나고, 다른 사람마저 좋지 않은 시선으로 바라보게 되니 이런 인생이 행복할 리가 없습니다. 이런 사람이 맞게 될 인생의 종착점은 안 봐도 뻔합니다.

예를 들어 사람이 나이를 먹으면 빨리 걸을 수 없습니다. 그럴 때 자기 자신을 받아들인 사람은 젊은이들과 겨루려고 하지 않고 자기만의 발걸음 속도를 유지하며 걷습니다. '조금 천천히 가면 어때?' 하며 느긋하게 걸어가면 마음이 편안해 집니다.

지금 무릎이 아파서 달릴 수 없다면 아무 통증도 느끼지 않고 경쾌하게 달리는 젊은이들을 순순히 인정하고 박수를 쳐주면 됩니다. 나를 따돌리고 앞서 달려가는 사람에게 즐겁게 손짓을 해주면 그것으로 족합니다.

이것이 자기 자신을 받아들이는 일입니다. 스스로를 비참하다고 생각하지 말고 누군가를 인정하는 것이 바로 자기 자신을 받아들이는 방법입니다. 그렇게 스스로를 받아들이고 살다 보면 언젠가는 '이렇게 살 수 있으니 행복하다'고 생각할 날이 반드시 찾아옵니다.

노래를 잘 부르지 못하는데도 가수가 되고 싶은 사람은 노래를 잘 부르는 가수들을 보면 열등감이 생겨서 주눅이 드는 법입니다. 그럼에도 노래에 재주가 없는 자기 자신을 받아들이려고 하지 않습니다. 그런 사람은 사실 가수가 되고 싶은 게 아니라 겉으로 드러나는 가수의 화려한 삶을 동경할 뿐이라고 할 수 있습니다.

노래를 진심으로 좋아하면 아무리 못 불러도 누구와 비교하지 않고 노래 부르는 것 자체를 즐기니 열등감이 생기지 않습니다. 이런 사람은 혼자 노래방에 가서 몇 시간이고 노래하면 기분도 좋고 만족감이 생길 것입니다.

야구를 못하는데 야구선수가 되고 싶은 사람도 마찬가지입니다. 사실은 야구를 제대로 할 줄도 모르면서 스포트라이트를 받으며 화려하게 운동장을 내달리는 선수들 모습에 취해 있는지도 모릅니다.

그러나 자기 자신을 받아들인 사람은 야구선수들이 배트를 휘두르며 공을 치고, 투수가 멋지게 공을 던지는 모습으로부터 대리만족을 얻을 뿐 열등감을 느끼지 않습니다. 그러다 우연한 기회에 동호인들끼리 모여 야구를 할 기회가 생기면 자기 실력에 맞게 마음껏 뛰고 거기서 즐거움을 찾으면 그뿐입니다.

사람은 본래 스스로 잘할 수 있는 것을 원하기 마련입니다. 그런데도 자꾸 자기 힘으로 해낼 수 없는 것을 원한다면 그것은 어딘가에서 삶의 방식이 틀어지고 만 것이라고 할 수 있습니다. 자기 자신을 받아들이지 못하는 사람은 생각의 방향성을 잃어버린 채, 있는 그대로의 자기 자신이 가치가 없다고 생각하게 됩니다.

본래의 자기 모습으로 살아가지 못하는 사람은 일종의 신경증 환자라고 볼 수 있습니다. 오랫동안 있는 그대로의 자신은 가치가 없는 존재라고 생각해 왔을 겁니다. 왜 이렇게 되었을까요? 그들은 자기 자신을 받아들이는 방법을 배우지 못했기 때문입니다.

어느 30대 여성이 사랑에 빠졌습니다. 상대방 남성도 그녀를 좋아합니다. 그런데 그녀는 젊어 보여야 한다고 생각해서 무리하게 다이어트를 하고, 큰돈을 들여 성형을 하면서까지 젊어 보이려고 했습니다.

그러나 두 사람의 사랑은 얼마 못 가 끝이 나고 말았습니다. 남성은 처음 보았던 그녀를 좋아한 것이기에 그렇게 무리하게 겉모습을 바꿔버린 그녀가 너무 낯설었던 것입니다. 그는 하루가 다르게 처음의 모습을 상실해가는 여성을 거부했습니다. 결국 그녀는 자신의 진짜 모습을 잃어버렸기 때문에 사랑까지 잃어버렸습니다.

우리 주변에는 이런 사람들이 너무나 많습니다. 이 책은 이 여성처럼 있는 그대로의 나 자신을 받아들이지 못하는 사람들을 위해 집필했습니다.

이 책은 본래의 자기 자신이 가치 없다고 생각하는 것을 없애는 방법을 설명합니다. 있는 그대로의 자신을 받아들일 수 없는 사람들은 항상 말도 안 되는 착각을 하고 있는데, 그런 생각을 송두리째 뿌리 뽑기 위한 책이기도 합니다.

내가 링컨이었으면 좋을 텐데

오래 전에 읽은 책에 다음과 같은 글이 나옵니다.

"미친 사람은 '나는 링컨이다'라고 말하고, 노이로제에 걸린 사람은 '내가 링컨이었으면 좋을 텐데……'라고 말한다. 반면에 정신이 건강한 사람은 '나는 나, 링컨은 링컨'이라고 당당하게 말한다."

'나는 나, 링컨은 링컨'이라고 말하는 사람은 자기 자신이라는 인간으로서의 역할을 잘 알고 있는 사람이고, 그 역할에 만족하는 사람입니다. 있는 그대로의 자기 자신에게 가치가 있다고 느끼는 사람에게는 자연스럽게 그에 걸맞은 역할이 찾아옵니다.

반면에 '내가 링컨이었으면 좋을 텐데……'라고 말하는 사람은 지금 자신의 역할에 불만을 품고 있습니다. 그런 사람의 마음은 자기멸시로 가득해서 스스로를 경멸하고 있다고 볼 수 있습니다.

이런 식의 썩어빠진 생각을 고치는 방법은 하나뿐입니다. '내가 이랬다면 좋았을 텐데……'라고 말할 때마다 스스로가 엄청난 착각에 빠져 있다는 것을 알아차려야 합니다. '만약 내가 이랬다면 그랬을지도 _{결과} 몰라……' 이렇게 결과까지 생각을 가져가야 합니다. 그 결과 끝에 지금의 자신을 만날 수 있어야 합니다.

교통사고가 언제 잘 나는지 알고 운전하는 사람은 사고가 날 확률이 적습니다. 그러나 운전을 얕잡아 보고 자기 기분대로 운전하는 사람은 반드시 사고가 나게 됩니다.

그렇듯이 나 자신을 받아들이기 위해서는 스스로에 대해 아는 것이 중요합니다. '있는 그대로의 자기 자신'을 언제, 어디서부터 가치가 없다고 생각하게 되었는지를 알아내야 합니다. 그렇게 함으로써 '나는 이런 사람이구나' 하고 이해하는 것이 중요합니다.

신뢰할 만한 인간관계가 있는가?

'내가 이랬다면 좋았을 텐데……'라고 항상 생각하는 사람의 두 번째 약점은 무엇일까요? 이 물음의 답은 그의 인간관계를 들여다보면 알 수 있습니다.

예를 들어 어떤 사람이 경영이 불안정한 중소기업에 다니는데, 그 안에서도 비주류에 속합니다. 반면 어릴 적부터 친한 친구는 대기업에 들어가, 그 안에서도 엘리트 코스를 밟으며 승승장구하고 있습니다. 이럴 때 '분하다, 나도 저 녀석처럼 되고 싶다'고 생각한다면 그에게는 이미 커다란 약점이 생긴 것입니다.

만약 그가 주위 사람들로부터 충분히 신뢰받고 있다면 현재의 처지도 만족할 수 있을지 모릅니다. 그러나 만족은커녕 어디를 가나 신뢰할 만한 인간관계도 없이 타인을 원망하고 자기 자신까지 불만의 눈초리로 바라보니 단 하루도 행복할 수가 없습니다.

　이런 사람의 밑바탕에는 '있는 그대로의 자기 자신'에 대한 믿음이 부족합니다. 자신에게 가치가 있다고 느끼는 사람 주변에는 좋은 사람들이 모이게 마련인데, 그에게는 아무도 없습니다. 스스로도 자기 자신을 믿지 않는데, 사람들이 믿고 의지할 리가 없습니다.

　자기 자신을 받아들이지 못하는 사람은 주변에 진정한 친구가 없는 것이 특징입니다. 자신의 운명을 온전히 받아들이지 못하는 사람은 주변에 자신과 비슷한 사람들만 모여들기 때문입니다. 그는 언제나 친구가 많은 척을 해도 사실은 자신을 모르고 상대에게 의지하려는 사람들에게 둘러싸여 있기에 마음속은 다른 사람들을 향한 서운함으로 가득할 뿐입니다.

　그가 가까이 하는 사람들은 대개 심리적으로 약하다는 공통점이 있습니다. 그 사람들이 부자일 수도 있고, 유명할 수도 있고, 권력을 가지고 있을 수도 있지만 인간으로서는 약하디약해 이런 사람들과의 인간관계가 어떤 결과를 불러올지는 불 보듯 뻔한 일입니다.

나는 그런 인간이 아닙니다

'내가 이랬다면 좋았을 텐데……'라고 생각하는 사람의 세 번째 약점은 어린 시절부터 단계를 하나하나 확인하며 살아오지 못한 채 지금까지 지내왔다는 것입니다.

그는 어느 단계에서 어떤 이유 때문인지는 몰라도 있는 그대로의 자기 자신에게 가치가 없다는 생각을 하게 되었습니다. 세상 어디에도 쓸모없는 인간은 없음에도 그는 스스로에게 무가치한 존재라는 이름표를 달아놓은 것입니다.

미국의 소설가 시드니 셸던 Sidney Sheldon 은 이렇게 썼습니다.
"일찍 책장을 덮지 마라. 삶의 다음 페이지에서 또 다른 멋진 나를 발견할 테니."

300페이지짜리 소설을 읽는다고 칩시다. 290페이지까지 읽었는데도 당신이 원하는 내용이 나오지 않습니다. 시드니 셸던은 그렇다고 해도 마지막까지 읽게 되면 또 다른 멋진 나를 발견하는 반전의 기회가 찾아온다고 말하고 있습니다. 당신이 지금까지 몇 페이지까지 읽었든 다음 페이지에는 반전의 문장이 등장한다는 사실을 꼭 기억하길 바랍니다.

문제는 일찍 책장을 덮어버린 것이 잘못된 착각에서 나온 섣부른 행동이었다는 사실을 아무도 알려주지 않았다는 것입니다. 이것은 달리 말해 살아오면서 좋은 사람들을 만나지 못했다는 이야기이기도 합니다.

그래서 그 사람은 바로 그 단계에서 심리적인 성장이 멈추고 말았습니다. 거기서부터 점점 잘못된 방향으로 나아가고 말았고, 그때가 바로 그의 인생의 커다란 분기점이 되었습니다.

살아갈 때 어디서 길을 잘못 들어섰는지를 알아차리지 못하면 점점 빠져나올 수 없는 미로에 빠져들게 됩니다. 말 그대로 '미궁迷宮' 속입니다. 미궁은 한 번 들어가면 나오는 길을 쉽게 찾을 수 없을 만큼 복잡한 구조로 이루어진 곳을 말합니다.

당신은 어린 시절에 혹시 미로 찾기 놀이를 해본 적이 있습니까? 미로에 한 번 잘못 발을 들였다가 길을 잃고 헤맨 적이 있습니까? 그렇다면 미로 때문에 앞으로 나아갈 길을 잃고 허망한 마음에 그냥 발길을 멈추고 주저앉았던 기억을 잊지 못할 것입니다.

사회에 나와서도 우리는 가야 할 길을 잃고 정신없이 헤맬 때가 많습니다. 사회생활이란 선택의 연속인데, 어떤 길을 선택해야 할지 갈피를 잡지 못할 때가 아주 많습니다.

문제는 잘 나가는 사람들이 길을 잘못 들었을 때는 반드시 오류를 지적하는 사람이 나타나 바른 길을 가지만, '내가 이랬다면 좋았을 텐데……'라고 후회만 하는 사람에게는 도움의 손길이 거의 없다는 것입니다. 어쩌면 도움의 손길을 받았지만 인정하지 않았고, 따르지 않았을지도 모릅니다.

못생긴 얼굴과 더러운 얼굴은 다릅니다. 아무리 미인이라도 더럽고 추한 얼굴이 있고, 못생긴 얼굴이라도 깨끗하고 단정한 얼굴이 있습니다. 추한 얼굴은 아무리 멋진 옷을 차려입어도 소용이 없습니다. 그런 사람은 아무리 화려하게 꾸며도 결코 좋은 얼굴이 아닙니다.

'퍼스낼리티personality'는 각각의 인간이 가지고 있는 고유한 특성을 말합니다. 이것은 나이를 먹으면서 차곡차곡 단계를 밟으면서 성장해 갑니다. 하지만 자기 자신을 신뢰하지 못하는 사람들은 나이를 먹으면서 각각의 단계마다 주어지는 과제를 해결하지 못한 채 살아왔기에 그런 수렁에 빠진 것입니다.

오늘의 삶을 괴로워하는 사람은 '내게 뭐가 부족해서 지금 이럴까?'를 생각합니다. 그에게는 링컨이 되는 것이 오랜 기간에 걸쳐 쌓여 온 불만을 극복할 수 있는 해결책일지 모릅니다.

링컨이 되는 것이 그의 마음속에 가득히 쌓인 증오를 해소하는 유일한 수단이라는 생각이 링컨도 링컨대로 숱한 문제들을 안고 살아갔다는 사실을 깨달으며 무너지게 됩니다. 이 모든 것은 자기 자신에게 무가치하다는 이름표를 달아준 결과입니다.

있는 그대로의 자기 자신에게 가치가 없다고 생각하는 사람은 에너지가 결핍되어 있기에 하나씩 단계를 밟아 해결하려고 하지 않습니다. 그렇기에 자신의 고통을 단숨에 해소하는 길로 하루아침에 링컨이 되는 것을 원하는 것입니다.

링컨이 되고 싶다는 사람은 증오의 깃발을 세운 채 살고 있습니다. 그 깃발은 주위 사람들에게는 고스란히 드러나지만, 본인 스스로는 알아차리지 못합니다. 그에게 링컨이 되고 싶은 욕망은 '마음속의 증오와 불만을 단숨에 날려버려 달라'는 외침입니다.

독일의 정신분석학자 카렌 호나이^{Karen Horney} 박사는 이렇게 말합니다.

"매사에 남 탓이나 하는 나약한 사람들은 자신의 목표에 걸맞은 노력을 하지 않고, 그저 막연히 바라기만 한다."

링컨이 되기 위해 합당한 노력을 하지 않은 채 무조건 링컨이 되고 싶다고 하는 사람은 그만큼 현실을 모르는 것입니다.

'내가 링컨이었다면 좋았을 텐데……'라고 말하는 것은 심리적으로 유아 상태임을 내보이는 것입니다. 유아가 젖병을 원하는 것처럼 말입니다.

문제는 어린 시절에는 젖병 하나로 충분히 배를 채웠지만, 어른이 된 지금은 막연히 링컨이 되고 싶다는 욕망만으로 허기가 채워지지는 않는다는 것입니다. 지금부터라도 늦지 않았습니다. 이제라도 스스로를 정확히 알게 되면 자기 자신을 재구성할 수 있습니다.

인간은 단계를 밟으면서 심리적으로 성장합니다. 부모에게 물려받은 마음을 얼마나 자신의 마음으로 받아들일 수 있는가, 여기에 달려 있습니다. 따라서 위로 올라가는 것을 생각하지 말고, 뿌리를 내리는 것을 생각해야 합니다.

미국의 심리학자 데이비드 시버리David Seabury 박사는 미국을 횡단하면서 괴로워하는 사람들의 이야기를 듣다가 한 가지 공통점을 발견했습니다. 그들 대부분은 이렇게 말하지 못했습니다.

"나는 그런 인간이 아닙니다!"

주위 사람들이 원숭이인 당신에게 수영하기를 기대한다면, '나는 원숭이입니다. 물고기가 아닙니다'라고 말해야 합니다. 백조인 당신에게 멋진 목소리로 울어보라고 하면, '나는 백조입니다, 꾀꼬리가 아닙니다'라고 말해야 합니다. 당당하게 그렇게 말할 수 있는 사람은 함부로 괴로워하지 않습니다.

물고기는 물을 신경 쓰지 않고 원숭이는 아무리 높은 나무라도 걱정을 하지 않듯이, 백조는 백조대로 자기만의 울음소리로 살아가듯이, 사람은 있는 그대로의 자기 자신에게 가치 있음을 깨달으면 됩니다. 그러면 더 이상의 욕망에 시달리지 않고 고통도 없이 살아갈 수 있습니다.

자신을 솔직히 받아들이면
운명이 열린다

사람은 누구나 각자의 운명을 짊어지고 살아갑니다. 자기 자신을 받아들이면 그에 걸맞은 운명이 펼쳐집니다. 있는 그대로의 자기 자신에게 가치가 있음을 알아차리면 운명은 저주받지 않게 됩니다.

좋은 사람들은 괴로워하는 당신을 보고 있는 그대로의 당신에게 가치가 있다고 말하지만, 나쁜 사람들은 반대로 가치가 없다고 말합니다. 그동안 당신은 나쁜 사람들의 말을 믿어 왔습니다. 그 결과 스스로를 멸시하고 비뚤어지고 괴팍한, 정말로 가치 없는 인간이 되고 말았습니다.

나쁜 사람들은 당신에게 가치가 없으니 변해야 한다고 말하는 등 끝없이 괴롭히면서 상대적으로 상처받은 자신의 마음을 위로합니다. 다시 말해서 그들은 당신을 이용했을 뿐입니다. 이들은 스스로를 믿지 못하며, 있는 그대로의 가치를 인정하고 위로해 주는 사람을 아직 만나지 못해 괴로워하는 것입니다.

세상은 온갖 형태의 사기 사건으로 넘쳐납니다. 엄청난 사기를 당해 목숨을 끊는 사람도 있을 정도입니다. 그러나 이 세상의 어떤 사기 사건보다 대단한 것은 당신에게 가치가 없다고 생각하게 만든 사람들입니다.

그렇게 함으로써 그들은 수많은 사람을 무가치한 존재로

치부하며 살아가게 만들었습니다. 당신이 만약 그렇게 믿으며 살아왔다면 길은 하나뿐입니다. 있는 그대로의 나 자신에게 가치가 있다고 믿으며 실제로 그렇게 살아가면 됩니다. 각오가 단단하다면 질이 나쁜 사람들은 당신의 근처에도 얼씬거리지 못할 것입니다.

제1장

삶의 고단함을
내려놓는 5가지 방법

1 / 주위 사람들에게
인정받고 싶다면

아무리 노력해도
충족되지 않는 마음

나는 《마음을 쉬게 하는 법》에서 삶에 지친 사람은 주위 사람들에게 인정받고 싶기 때문에 무리를 해서라도 자기 자신을 과대포장하기 위해 노력한다고 썼다.

사람은 유아기에 사랑을 얼마나 받았는지에 따라 어른이 되었을 때의 인간관계가 달라진다. 어린 시절에 충분히 사랑받지 못한 사람은 주변의 모든 사람에게 사랑을 갈구하고, 그것이 뜻대로 되지 않으면 마음속에 불만과 소외감이 쌓이게 된다.

예를 들어 어떤 사람이 어른이 되어 명예를 얻으려고 노력하고 있다. 이는 명예를 얻게 되면 다른 사람들로부터 인정을 받고 존경을 받을 것이라 기대했기 때문이다. 명예를 얻으면 유아적 소망이 충족될 거라는 생각에 노력해 온 것이다.

그러나 그 결과가 기대만큼 되지 못하면 이렇게까지 노력해도 인정해 주지 않느냐며 반감이 생기고, 이런 감정이 증오로 변하게 된다. 아무리 노력해도 인정해 주지 않으니 마음속에 부정적인 감정만 쌓이고, 그렇게 되면 삶에 대한 피로감에 짓이겨지게 된다.

그렇기에 유아기 때의 애정 결핍은 인간관계에 지대한 문제를 야기한다. 마음속에 가득한 부정적 감정으로는 다른 사람을 순수하게 사랑할 수 없기 때문이다.

사랑한다는 것은 상대방을 위해 마음의 문을 활짝 여는 것인데 의심하고 미워하는 마음을 내보일 수는 없으니 안으로만 꽁꽁 감추게 되고, 그럴수록 사람들로부터 멀어지는 상황이 생긴다. 이 책에서는 이러한 인간관계의 문제와 유아기의 애정 결핍을 어떻게 처리하면 좋을지를 생각해 보려 한다.

유아기의 소망에
머무는 사람들

심리학에서 '유아기의 소망'이란 말은 유아기 때의 애정결핍으로 인해 생긴 이기적인 성향, 완고함, 의존성, 자기애, 항상 칭찬받고 싶고 주목받고 싶은 마음을 말한다.

여기에 더해 주위 사람들이 항상 내 이야기만 들었으면 좋겠다, 항상 나 혼자만 이득을 얻고 싶지만 이기주의자라는 말은 듣고 싶지 않다, 손해 보는 것은 싫지만 관대한 인간이라는 말을 듣고 싶다, 항상 '당신이 옳다'는 말을 듣고 싶다 등의 이기적인 심리도 포함된다.

어린아이가 어떤 사람을 좋아하게 되었다고 치자. 그 사람이 자기 옆에 있었으면 할 때, 옆에 없으면 불만을 느끼게 된다. 그래서 항상 옆에 붙어 있으려고 하고 조금만 떨어져 있어도 불만스러운 표정을 짓는다.

문제는, 아이는 '나에게 그렇게 해주는 것이 당연하다'고 생각한다는 점이다. 그렇기에 유아기의 소망이란 무조건적으로 사랑해 달라는 외침이기도 하다. 그럴 정도로 이기적인 태도가 그들의 공통점이다.

심리적으로 건강한 어른이라면 타인의 도움을 받으면 고마운 감정을 말이나 표정으로 드러낸다. '감사합니다, 미안합니다, 다음엔 제가 해드리겠습니다' 같은 말들이 해당된다. 그러나 유아라는 존재는 그렇지 않다. 도움을 주면 기분이 좋다고 느끼지만 애써 가르치지 않으면 고맙다고 하지 않는다. 왜냐하면 그렇게 해주는 것이 당연하기 때문이다.

유아적 소망이 충족되지 않은 채 어른이 된 사람의 밑바닥 심리는 어떨까? 어른이 되었지만 여전히 유아기의 애정결핍에 매달려 있으면, 그래도 표면적으로는 어른 얼굴을 하고 있어야 하기 때문에 몸과 마음의 불일치가 생겨 항상 우울하고 사소한 상황에도 안절부절 못한다.

사실은 도와달라고 외치고 싶지만 소리를 내지 못한다. 그렇게 다른 사람들이 알아차리지 못하도록 인내하면서 살아왔고, 어쩌면 앞으로도 그렇게 살아갈 것이기에 마음속은 엄청난 돌덩이에 짓눌리는 느낌일 것이다.

유아기의 소망은 어른의 소망과는 모순된다. 어른의 소망은 받는 것보다도 주는 것에 더 큰 기쁨을 느낀다. 반면에 유아기의 소망은 무조건적으로 받는 것 하나에만 기쁨을 느낀다. 따라서 유아기의 소망이 남아 있는 사람이 어른의 입장에서 행동하는 일은 매우 힘든 일이다.

어른이 되고 나서도 마음속 감정이 어릴 때 충족되지 않은 소망에 지배를 당하면 하루하루가 몹시 힘들다. 심리적으로 건강한 사람들은 상상조차 할 수 없을 정도로 하루하루가 힘겹고 버겁다. 유아기의 애정결핍이라는 상처는 이렇게 평생을 가는 짐으로 남는 것이다.

기분을 드러내면 솔직해진다

어느 초등학교에 멍하니 앉아 있기만 하는 아이가 있었다. 어느 날 선생님이 아이에게 다가가 어깨를 토닥이면서 이렇게 말을 걸었다.

"뭔가 고민이 있어서 공부할 마음이 안 생기는 모양이구나."

그 말을 듣자, 아이가 돌연 책을 펴고 선생님을 바라보았다. 자신의 힘든 기분을 알아주었기 때문에 공부할 마음이 생긴 것이다. 선생님은 이어서 '너의 고민을 다 들어줄 테니 나하고 얘기 좀 할까?'라고 말했다. 그러자 아이는 이렇게 대답했다.

"그 말을 우리 엄마에게 해주세요."

아이게 필요한 것이 무엇인지를 분명히 보여주는 한 장면
이다. 미운 아이는 미운 아이가 되는 이유가 있다. 그때 누군
가 곁에서 '너는 이런 마음이어서 힘들구나' 하고 알아주게
되면, 아이는 금세 솔직한 속내를 드러내게 된다.

어른이 되어 우울증에 걸린 것처럼 시들하게 살아가는 사
람은 성장할 때 그렇게 자신의 마음을 헤아려 주는 사람이
옆에 없거나 관심이 많이 부족했을 가능성이 크다. 매일 몸과
마음에 채찍질을 하면서 생활해야 했고, 그래서 매일매일이
불만스럽기만 하다.

유아적 소망이 충족되지 않았기에 매일같이 불만스러운
것은 당연하지만, 누가 '대체 무엇이 불만인가?'라고 물으면
확실한 대답을 할 수가 없다.

이러한 사람이 느끼는 불만은 물가가 높아서 생기는 것이
아니다. 나라의 정책에 불만이 있는 것도 아니다. 애인에게
버림을 받아서 생긴 불만도 아니다. 뭔가 구체적으로 '이것'
이라고 할 수 있는 불만이 아니기 때문이다.

그럼에도 그는 불만스럽고 또 불만스러워서 어쩔 줄 모른

다. 마음 밑바닥에서 자기도 모르게 솟아나는 불만 때문에 못 견뎌한다. 그럼에도 특정한 누군가를 향해서는 불만을 터트리지 않는다. 특정한 누군가에게 간혹 불만을 터트리는 일은 있지만, 그것은 그냥 화풀이에 지나지 않는다. 그의 불만은 지구상의 모든 사람을 향해 있다는 뜻이다.

이런 식의 불만은 당연히 주위 사람들로부터 좀처럼 이해받을 수 없다. 왜 그렇게 불만스러운 얼굴로 살아가는지 누구도 알 수 없고, 당사자도 왜 그런지를 주위 사람들에게 설명하지 못한다.

저녁식사 때 반찬이 마음에 들지 않아 불만이라면 그 이유를 설명할 수 있지만 무엇이든 다 불만스러우면 설명이 어렵다. 하물며 객관적으로 불행해 보이지도 않으면 문제는 더 심각해진다.

유아기의 소망이 충족되지 않은 채 성장한 어른은 이러한 상태로 매일 사회활동을 해나가야 한다는 것이 진정한 자기 자신을 숨기고 살아가는 일이기에 너무 힘든 일이다.

사회적으로 기대받는 역할과 심리적 능력에서 차이가 날 때 사람은 괴롭기 때문이다. 당신이 만약 이런 사람이라면, 어떻게 해야 할까? 함께 이 문제에 대해 고민해 보자.

유아적 소망이란
무조건적으로 사랑해달라는 외침이다.
무언가를 주는 것이 아니라, 받고만 싶어 하는 외침이다.

2

불안하기 때문에
더 매달리게 된다

지금 그 자리의 만족만을
먹고 산다

육아의 기본은 아이를 '기른다'는 양육의 개념이 아니라 아이를 예뻐하는 사랑의 개념으로 이해하는 것이다. 아이는 부모가 자신을 예뻐해 준다고 느낄 때 심리적으로 안정을 찾고 성장할 수 있다.

그런데 어른이 되어 우울증에 시달리는 사람들 중에는 아무도 어릴 때 자신을 예뻐해 준다고 느끼지 못한 채 성장한 경우가 많다. 그러다 점점 어른이 되면서 스스로를 외톨이, 왕따, 어디에도 쓸모가 없는 존재로 인식하며 살아온 것이다.

나를 잃지 않고 오늘을 사는 법

그러면 주위 사람들은 외톨이로 살아가는 그를 마치 존재하지 않는 사람처럼 대한다. 이것은 집에서나 회사에서나 모두 마찬가지다. 그는 그런 인간관계 속에서 심리적으로 성장할 수가 없다.

어른이 되어서도 유아기의 소망이 잔존해 있는 사람은 이것 말고도 또 다른 중요한 특징이 있다. 지금 있는 그 자리에서 자기 자신을 충족시키려고 한다는 점이다.

한 마디로 얘기해서 미래로 가려는 향상심이나 진취적인 생각이 별로 없다. 그렇기에 유아적 소망이 충족되지 않은 '다섯 살의 어른'은 시간을 들여서 무엇인가를 달성할 수가 없다.

유아기의 소망이 충족되지 않으면 몇 가지 현상이 나타난다. 첫째는 증오의 감정에 지배당한다. 어른이 되면 주위 사람들이 결핍된 부분을 채워주지 못하기 때문에 밑도 끝도 없이 세상을 원망한다.

뭔가 해주길 바라는 것들을 사람들이 해주지 않기에 원망의 마음이 드는 것은 당연하지만, 바라는 것들이 어린아이들이 바라는 것과 비슷하다는 게 문제이다. 무조건적인 사랑과 배려 말이다.

둘째는 행복한 인간관계를 형성할 수 없다. 유아적 소망이 충족되지 못한 채 자란 사람은 그 소망으로 일생을 지배당한 채 살기에 가까운 인간관계마저도 잘 풀리지 않게 된다.

이러한 사람은 사랑받고 싶다는 강한 욕망과 동시에 자신이 사랑받고 있는지 아닌지 몰라서 불안하기 때문에 상대에게 집요하게 매달리게 된다. 마음이 항상 불안하기 때문에 자신이 사랑받고 있다는 걸 끈질기게 확인하려고 하는 것이다.

유아적 소망이 있는 사람은 언제나 불만에 휩싸여 있다는 또 다른 특징이 있다. 문제는 항상 불만에 차서 씩씩거리는 그의 얼굴을 주위 사람은 견딜 수가 없기 때문에 반드시 도망쳐 버린다는 사실이다. 영국의 정신분석학자 존 보울비^{John Bowlby}는 이렇게 말한다.

"오랜 기간 엄마와 떨어져 지내게 되는 일을 경험한 아이는 그 이후 조금이라도 혼자 있게 되는 상황이 생기면 이를 단호히 거부한다."

하지만 어른이 되면 이 같은 행동을 할 수가 없다. 언제나 자신에게 주목해 주기를 바라는 마음을 유아기 때처럼 확실히 표현할 수가 없기 때문이다.

원하는 만큼 사랑받지 못하니까 사랑하는 사람에게 적의

를 느끼는 사랑과 증오의 감정이 공존하면서 괴로움을 느끼게 된다. 연애를 하면서도 시시때때로 좌절감을 느끼고, 결혼을 하고서도 수없이 좌절한다. 그러면서도 그런 모순의 삶에서 빠져 나올 엄두를 내지 못한다. 정신적으로는 아직 유아기에 머물고 있기 때문이다.

그들은 회복탄력성이
턱없이 부족하다

영어에 'resilience'라는 말이 있다. '회복탄력성'이라고 번역하는데, 이 말은 심리학, 정신의학, 교육학, 유아교육, 사회학, 심지어 경제학 같은 많은 영역에서 매우 중요하게 여기는 개념이다.

회복탄력성은 크고 작은 시련이나 실패에도 그것을 발판 삼아 더 높이 뛰어 오르려는 '마음의 근력'을 의미한다. 마음의 근력이 강한 사람은 몇 번의 실패에도 아랑곳하지 않고 다시 일어나 목표했던 것을 향해 달려간다.

심리학자들은 밑바닥까지 떨어졌다가도 강한 회복탄력성으로 다시 일어서는 사람은 원래 있었던 위치보다 더 높은 곳까지 올라갈 수 있다고 한다.

그러나 회복탄력성이 부족한 사람들은 한두 번의 실패에 좌절하며 주저앉기 일쑤이고, 목표했던 것들을 향해 다시 손을 뻗지 못할 만큼 마음의 근력이 부족하다. 심리학자들은 유아기의 소망에 매달려 있는 사람일수록 이런 경향이 짙다고 진단한다.

지속적인 성장을 이뤄냈거나 큰 성취를 달성한 사람들은 대부분 실패나 역경을 딛고 일어섰다는 공통점이 있다. 오늘날 최고의 사업 실적으로 보이는 기업들 중에도 이런 식의 실패를 겪지 않은 경우가 없다고 할 정도로 회복탄력성은 성공의 필수 조건이다.

유아기의 소망에 매몰되어 있는 사람들은 인생을 살면서 도전은 엄두도 내지 못하고 지금 있는 자리에 붙어서 간신히 살아가는 경우가 많다. 실패나 좌절이 두렵기 때문이다.

그들은 그럴 정도로 '동기부여'에 둔감하다는 뜻이다. 동기부여란 집단이나 개인에게 어떤 특정한 자극을 주어 목표하는 행동을 불러일으키는 것을 말하는데, 유아기 소망에 발이 묶여 있는 사람들은 바로 이 부분에 커다란 취약점이 있는 것이다. 이제 어떻게 하면 이러한 함정에서 빠져나올지를 생각해 보겠다.

유아적 소망이 충족되지 못한 사람은
그 소망으로 일생을 지배당해 인생에서 언젠가 좌절할 가능성이 높다.
그중에도 가까운 인간관계가 잘 풀리지 않는다

3

생각을 바꾸면
세상이 바뀐다

모든 게
세상 탓이다

나는 지난 40년 동안 마음의 병을 앓는 사람들로부터 수없이 많은 편지를 받았다. 그런데 한 가지 공통점을 발견했다. 편지 내용의 대부분이 타인에 대한 원망으로 가득 차 있다는 점이다.

그들은 자기를 둘러싸고 있는 사람들이 얼마나 지독한지를 끊임없이 써서 보낸다. 동료가 나쁘다, 선생이 나쁘다, 상사가 나쁘다, 부모가 나쁘다, 애인이 나쁘다, 부하가 나쁘다……. 이것도 나쁘고 저것도 나쁘고, 모두 남 탓이고 세상

탓이라는 이야기뿐이었다.

편지를 읽다 보면 또한 그들의 요구사항이 엄청나게 많다는 걸 알게 된다. 이것이 부족하다, 저것을 해달라, 밑도 끝도 없이 원하고 바라는 것이 많다. 그래서 주위 사람들이 그들의 말을 들어줄 수 없으니 그냥 도망쳐 버리는 게 아닐까 생각될 정도이다.

그러면 한참 자기 얘기를 늘어놓으며 한풀이를 하던 사람은 뒤돌아서 떠나는 상대방이 미워질 수밖에 없다. 이렇게 자기의 뜻대로 해줘야 한다고 고집을 부리니, 정말 이기적인 행동이 아닐 수 없다.

아기는 엄마에게 말도 안 되는 것들을 요구한다. 그러면 엄마는 싫다는 말 한마디 없이 모든 걸 받아준다. 물론 엄마는 아이가 알아차리지 못하게 옳고 그른 것을 가려서 응해주지만, 그런 조건 없는 무제한의 사랑을 듬뿍 받아먹으며 자란 아이는 성장해서 입버릇처럼 남 탓을 하는 이기적인 사람은 되지 않는다.

그러나 유아기의 애정결핍으로 인해 심리적 안정을 찾지 못한 아이들은 어른이 되어서 말도 안 되는 요구를 하고, 말이 통하지 않는다면서 상처받고, 화내고, 괴로워한다.

그러고 나서 남들에게 문제가 있지 자기는 아무 문제도 없다고 생각한다. 어떤 문제가 일어나도 스스로 해결하려고 하지 않고, 이렇게 괴로운 나를 이해해 달라고만 한다.

그들의 편지에는 또 하나 공통점이 있다. 누군가에게 정성을 다했는데 배신당했다는 얘기보다 누가 자신에게 무엇을 해주지 않았다는 원망을 담는 경우가 많다.

그들은 스스로 사람들에게 정성을 다하지도 않고 사람들을 위해 움직이지도 않는다. 본인은 다른 사람들을 위해 전혀 노력하지 않으면서도 지구가 자신을 중심으로 돌아가야 한다고 생각한다.

화가 나는 것은
요구가 많기 때문이다

그들은 주위 사람들에게 이렇게 해달라, 저것을 해달라, 요구가 아주 많다. 같은 일이라도 상대방에게 어떻게 요구하느냐에 따라 사람의 기분이 달라지는 법인데, 그들은 막무가내로 자기에게 뭔가를 해주기를 바란다.

그들은 또한 눈앞의 상황에 대해 자기 마음대로 해석하기 때문에 그때그때 기분이 왔다 갔다 한다. 똑같은 말을 듣고도 어느 때는 기분이 좋고, 어느 때는 기분 나빠할 만큼 종잡을 수가 없다.

　이렇게 어떤 상황에 대한 해석이 바뀌는 것을 '패러다임의 변화'라고 한다. 패러다임이란 자신의 주변 세상에 대한 생각을 일컫는 말이다. 태양을 중심으로 지구가 돌고 있다고 생각하는 것과는 다르게 지구를 중심으로 태양이 움직이고 있다는 견해는 진정한 패러다임의 변화이다.

　그들은 지구를 중심으로 태양이 돈다고 생각한다. 여기서 더 나아가 자신을 중심으로 세상이 돌고 있다고 생각하기에 자신이 외면을 당하거나 배척당하는 일을 당하면 기분이 완전히 다운이 된다.

　그들은 이렇게 자신의 마음을 기준으로 사물에 대한 견해나 해석을 내놓기 때문에 언제나 상처받게 된다. 자기 마음속에 정해둔 잣대를 들이대어 세상을 평가하거나 해석하기 때문에 모든 게 아전인수我田引水식으로 보이고, 뜻대로 되지 않는 세상에 화가 나는 것이다.

결국 이런 감정의 악순환이 그를 끝없이 괴롭히게 된다. 요구하고, 화가 나고, 상처받고, 절망하고, 증오하고, 다시 요구하고, 화가 나고, 상처받고……. 누가 이런 감정을 강요한 적도 없는데, 그들은 너무도 자주 이런 함정에 빠지곤 한다.

다른 사람들을 믿을 수 없다

"사랑하는 자는 구원을 받는다. 사랑하는 자는 스스로 구원하기 때문이다."

언젠가 읽은 책에서 밑줄을 친 구절이다. 그렇다. 사랑하는 능력이 생기기 시작하면 비루한 인생에서 벗어날 수 있다. 세상을 바라보는 시각 자체가 달라지기 때문이다.

어린 시절부터 사랑받지 못했던 사람은 다른 사람을 믿을 수 없고, 믿음을 받을 만한 일도 할 수 없다. 이 모든 것의 근원에는 필요할 때 적절하게 사랑의 비를 내려줄 어른이 없었기 때문이다.

유아일 때의 아이는 부모가 무슨 일이든 도와준다고 믿는다. 하지만 필요할 때 도움을 받지 못하면 아이는 배신을 당했다고 느끼게 된다. 이런 일들이 반복되면서 아이는 점점 다른 사람을 믿을 수 없는 어른으로 성장하게 된다.

엄마를 비롯한 주위 사람들의 변덕에 지친 탓에 다른 사람을 믿지 못하게 되고, 그러면 자기도 모르게 복수심을 품게 된다. 목이 마를 때 물이 가득 들어 있는 바가지를 주었다 뺏었다 하는 상황을 연상해 보자. 아이의 가슴에 분노를 넘어 증오가 쌓여갈 것이 뻔한 일이다.

행복의 기초는 사랑이다. 사람은 처음부터 사랑하는 능력을 갖고 태어나는 것이 아니다. 사랑을 받으면 사랑하는 능력이 생겨나게 마련이다. 사랑받으면서, 성장하면서 점차적으로 사랑하는 능력이 생겨나는 것이다. 바로 이것이 유아기에 무제한의 사랑을 받아야 하는 이유이다. 그러니 이제부터 이 말을 항상 읊조리며 살아가기 바란다.

"사랑하는 자는 구원받는다. 사랑하는 능력이 생기면 어제까지와는 전혀 다른 인생을 살아갈 수 있기 때문이다."

사랑하는 자는 구원받는다.
스스로를 구원하기에.

사랑하는 능력이 생기기 시작하면
이 인생에서 벗어날 수 있다.

4 / 삶의 무거움을 인정하라

자신의 불행을 받아들이는 것이 먼저다

독일이 철학자 프리드리히 니체Friedrich Nietzsche는 수많은 명언을 남긴 인물로 유명하다. 나도 니체를 몹시 좋아하는데, 그가 《우상의 황혼The Twilight of Idols》이라는 책에 남긴 말 중에 특히 기억에 남는 문장이 있어 소개한다.

"어떻게 살아야 할지 삶의 방법론을 담은 책들은 많지만 내게 맞는 것을 찾기는 어렵다. 타인의 방식이 내게 맞지 않는 것은 당연하니 전혀 이상한 일은 아니다. 문제는, 내가 던지는 '왜?'라는 물음의 내용을 나 스스로 전혀 인식하지 못하는 데 있다. 왜 그 일을 하고 싶은가? 왜 그렇게 되려고 하는가? 왜 그 길을 가려고 하는가? 내면으로부터의 이런 물음에 분명한 평가 기준을 갖추지 못했기 때문에 답을 찾지 못하는 것이다. '왜?'라는 의문부호에 스스로 답을 제시할 수 있어야만 무엇을 어떻게 해야 할지 알게 됨으로써 이제 그 길을 가는 일만 남는 것이다."

심리학자로서 평생 동안 많은 사람들을 만나온 경험으로 말을 하자면 자신이 무엇을 하고 싶어 하는지, 무엇을 하고 싶다면 왜 그렇게 되고 싶은지를 전혀 알지 못하는 경우가 많더라는 것이다.

'왜?'라는 의문부호에 스스로 답을 제시할 수 있어야만 무엇을 어떻게 해야 할지 알게 된다는 니체의 말은 그런 의미에서 인생의 금언이 아닐 수 없다.

유아기의 소망이 충족되지 않은 채 성장한 사람은 대부분 이런 경향이 있다. 이런 사람들은 지금 당장 해야 할 일이 있다. 바로 자기 인생의 힘듦을 순순히 인정하는 것이다. 데이비드 시버리 박사는 이렇게 말한다.

"자신의 비극을 받아들일 준비가 되어 있으면, 무엇을 하면 좋을지가 보이기 시작한다."

삶의 버거움은 누구나 불가피한 것이기에 어떻게든 함께 안고 가지 않으면 안 된다. 따라서 우리가 해야 할 일은 자신의 운명을 배척하지 말고 화해하는 일이며, 이를 통해 마음의 평화를 얻는 것이다. 이럴 때 비로소 '왜?'라는 물음에 답할 수 있다.

그러니 무엇보다 나는 타인과 다르다는 사실을 마음속에 새겨야 한다. 고래에게는 고래의 삶이 있고, 문어에게는 문어의 삶이 있다. 문어가 자신에게 다리가 8개 있음을 잊어버리고 고래처럼 웅장한 꼬리로 살아가기를 원하면 제대로 된 삶일 수가 없다.

나는 타인과 엄연히 다른 존재라는 사실을 깨달으면 심리적으로 건강한 사람에 대한 시샘이 사라진다. 부러움은 있을 수 있지만 시샘이나 증오는 사라지게 된다. '나는 나, 너는 너'라는 인식이 쌓여서 자기만의 성을 튼튼하게 이룰 수 있기 때문이다.

인생은 원래 꼬이도록
설계되어 있다

나의 아버지에게는 15명의 형제가 있었다. 아버지는 13번째 자식이었는데, 바로 밑으로 알코올 중독이 된 남동생이 있었다. 막내인 15번째 자식이 여자였기에 할아버지에게는 알코올중독인 14번째가 막내아들이었다.

정치인이었던 할아버지는 가정을 돌보는 일은 없이 밤낮으로 나라가 어떻고 국민이 어떻고를 논했다. 문제는 할머니였다. 할머니는 선거 때가 되면 남편의 뒷바라지를 위해 온 동네를 휘젓고 다녔는데, 그럴 때면 아이들에게는 도무지 관심이 없었다. 이런 상황이니 14번째 자식인 나의 숙부는 어려서부터 모유 한 번 제대로 먹지 못하고 성장할 만큼 비극적인 삶일 수밖에 없는 운명이었다.

엄마 자격을 갖춘 모친 밑에서 자라도 인생은 험난한데, 엄마 자격이라곤 찾아볼 수 없는 모친 밑에서 자란 아이는 인생이 힘들 수밖에 없는 것이 당연하다.

아이가 세상의 험난함을 알아갈 무렵에 엄마라는 보호막 없이 성장하면 자칫 무력하고 불안하며 언제 어디서건 극심한 소외감을 느끼며 살게 될 가능성이 크다. 그러니 알코올

중독자가 된 막내아들 탓만 할 수는 없다.

인생은 원래 꼬이도록 설계되어 있다. 그것이 인생의 기본인데, 왜 나만 이러냐고 한탄하면서 자기 삶을 거부하면 곤란한 일이 자꾸 일어나게 된다.

인생이 잘 안 풀린다며 처음부터 아예 아무것도 하지 않는 사람이 많다. 인생이 잘 풀리지 않는 것은 반드시 원인이 있는 법인데, 그 원인을 똑바로 응시하지 않기 때문에 그것이 발효되어 더욱 힘들어지는 것이다.

자기 삶이 왠지 잘 풀리지 않는다는 생각이 들 때는 우선 나는 어느 지점에서 어떻게 무리하고 있었는지를 생각해야 한다. 과녁을 향해 정확히 조준하지 않고 대충 함부로 쏜 화살은 허공을 헤매다가 맥없이 떨어지고 만다.

앞에서 인생은 꼬이도록 설계되었다고 했는데, 그렇기 때문에 더 정신을 차리고 두 눈 부릅뜨고 과녁을 향해 정확히 활시위를 당겨야 한다.

불평은 그만하자. 날씨가 너무 안 좋네, 바람이 너무 세게 부네, 너무 시끄러워 집중이 안 되네……. 이제 그만 투덜거리고, 현재 위치에서 자기의 실력대로 힘껏 활시위를 당기자.

열심히 훈련해 온 그대로 성적을 거둘 수 있을 것이다.

다시 니체의 말을 인용하자면, 그는 《즐거운 학문Die fröhliche Wissenschaft》이라는 책에서 이렇게 말한다.

"똑같은 것을 대해도 어떤 사람은 거기서 많은 것을 깨닫고 얻어내지만, 어떤 사람은 한두 가지밖에 얻어내지 못한다. 사람은 이를 능력의 차이라고 말하지만, 사실 우리는 어떤 대상으로부터 무엇을 얻어내는 게 아니라 그것에 의해 촉발된 자기 안의 무엇인가를 뽑아내는 것이다. 그러니 나를 풍요롭게 해줄 대상을 찾지 말고 나 스스로가 풍요로운 사람이 되려고 노력해야 한다. 이것이 바로 자신의 능력을 높이는 최선의 방법이자 풍요로운 인생을 만드는 지름길이다."

여기서 가장 중요한 말은 '자기 안의 무엇'이다. 인생의 꼬임을 제대로 이해하지 못하는 사람은 자기 안에 무엇이 있는지를 모르는 경우가 많다. '나 스스로 풍요로운 사람'이 되려는 노력이 가장 중요하다는 말은 그렇기에 항상 불평불만에 사로잡혀 살아가는 사람들에게 가장 들려주고 싶은 한 마디이다.

인생은 원래 꼬이도록 설계되어 있다.

그것이 인생의 기본이다.
그 점을 잘못 인식하면 곤란한 일이 일어난다.

5

나에게 맞는
좋은 친구를 찾아라

자기 안으로
침잠하는 삶이 계속된다

진정으로 행복해지기 위해서는 자신이 하는 일들을 마음 깊이 이해해 줄 수 있는 사람을 가까이해야 한다. 그럴 때 처음으로 자신에게는 미모도, 학력도, 재산도 별로 필요가 없다는 것을 알게 된다.

하루하루 좌절을 씹으며 살아가는 사람들은 유아기의 상실감을 진심으로 이해해 줄 인물이 주변에 아무도 없었다. 만약 그런 사람이 있었다면 상실감의 많은 부분이 치유되었을지도 모른다.

주위 사람들의 사랑과 관심을 받지 못한다는 사실로 우울증에 걸린 사람들 중에는 유아기 시절로 퇴보하고 싶어 하는 경향이 많다. 그 시절로 돌아갈 수만 있다면 언제나 어깨를 짓누르는 우울증의 무게를 떨쳐버릴 수도 있을지 모른다.

이런 사람은 경제적으로 아무리 충족이 되어도 결코 행복해질 수 없다는 문제를 껴안고 살아가야 한다. 유아기의 소망이 결핍되어 있는 사람은 무엇을 해도 목마름을 해결할 수가 없기 때문이다.

그런 심리를 주위 사람들이 쉽사리 받아들이지 않는 것은 또 하나의 문제이다. 이런 상황을 이해할 수 없는 친구나 가족들은 그에게 어떻게 해줄 방법이 없다.

그럴수록 그가 느끼는 외로움과 세상에 대한 분노는 더욱 깊어만 가고 더 깊은 수렁에 빠지게 된다. 고립감의 노예가 되어 살아가다 보면, 세상 밖으로 나가려는 마음보다 어쩔 수 없이 자기 안으로 침잠하는 경향이 짙어진다. 과연 그의 삶을 새롭게 펼칠 수 있는 방법은 무엇일까?

아무것도 없는 지금이
친구를 만들 기회

유아적 소망이 충족되지 않은 채 성장한 사람은 그에 대한 반대급부로 사회적으로 남보다 훌륭해지려고 한다. 명망과 재산에 대한 욕망이 강하고, 그 때문에 주위 사람들이 몰려들면 어릴 때 얻지 못했던 애정을 그것으로 채우려고 한다.

그러나 지위나 명예나 돈 때문에 모여든 사람들은 신용할 수가 없다. 대개 그 사람들은 이용하려는 생각밖에 없으니 언젠가는 당신을 배신하게 될 것이다.

유아적 소망이 충족되지 않았다는 사실을 순순히 인정하는 사람은 아무것도 가진 게 없는 지금이 주변에서 신용할 수 있는 친구를 찾을 절호의 기회라는 사실을 알아야 한다.

다시 한 번 말하지만, 권력이나 명예나 재산이 있을 때는 주변에 질이 나쁜 사람들이 떼를 지어 몰려든다. 여기서 말하는 질 나쁜 사람들이란 남을 이용하려는 사람, 남을 착취하려는 사람이다.

어떤 사람은 그들의 호의에 넘어가서 그런 관계가 영원히 지속될 것으로 믿는다. 굽실거리는 그들을 보니 뭔가 자신이 굉장한 인물이라도 된 것 같이 느낀다.

그러나 그들은 단물만 빼먹고 냉정하게 돌아설 사람들이다. 당신의 결핍을 채워주는 척하다가 자신의 배만 잔뜩 불리고 언제 그랬느냐는 듯이 돌아설 사람들이다.

유아적 소망이 충족되지 않은 채 성장한 사람은 혼자 있을 때가 많기 때문에 교활한 자들의 말에 마음을 위로받는 경우가 많다. 교활한 자들은 언제든 상대방을 이용하려고 하기 때문에 상처로 얼룩진 마음을 위로해 주는 말들을 많이 한다. 그렇기에 사랑받지 못하는 사람들은 바로 여기서 잘못된 인간관계를 맺게 된다.

함께 먼 길을 가면서 서로에게 '힘들지?' 하고 위로의 말을 건네는 것은 괜찮지만 아무 때나 '힘들었지?'를 연발하며 동정의 말을 늘어놓는 사람은 위험하다.

그들이 과도하게 애처로운 감정을 드러내는 것은 상대의 상처를 이용해서 자기 이익을 취하려고 하기 때문이다. 그럼에도 유아기의 결핍을 겪은 사람들은 상대를 그저 좋은 친구라고 생각한다.

이들의 문제는 자신의 목숨을 지켜주려는 사람은 원하지 않는다는 것이다. 사랑받지 못하고 성장한 사람들은 생명의

소중함을 알지 못하기 때문이다. 그들은 단지 입에 발린 말을
하는 사람들만 좋아한다.

  유아적 소망이 충족되지 않은 채 성장한 사람은 모두에게
사랑받고 싶어서, 그리고 사람들에게 잘 보이고 싶어서 무리
를 하면서 살아왔다. 다른 사람들에게 잘 보이기 위해 먹고
싶지 않은 것을 먹고, 먹고 싶은 것을 안 먹으며 살아왔다.
  사실 그들은 하고 싶은 일을 해서는 안 되는 것이라고 생
각해 왔다. 그들의 사회적 적응이란 그런 것이었다. 자기의
신념에 따라 뭔가를 달성하기보다는 다른 사람들의 마음에
들기 위해 사용되는 에너지가 훨씬 더 컸다는 사실을 모른
채 살았다.
  그렇게 쓸데없는 일들에 에너지를 탕진하며 살아왔기 때
문에 이제는 몸속의 에너지가 다 소진되고, 더 사용할 것이
없다. 당신이 만약 어린 시절에 사랑받지 않고 성장했음을 스
스로 인정했다면, 가장 먼저 인간관계에 주의해야 한다.

좋은 친구가 생길 때까지
책을 가까이하라

어린 시절에 사랑받지 못하고 성장한 사람은 타인의 친절에 약하다. 그래서 허구한 날 이용당하기만 한다. 사람을 이용하려는 사람의 허울 좋은 친절에 놀아나 손해 보는 일이 아주 많다. 계략을 숨기고 있는 사람의 말은 마치 꿀을 바른 듯이 달콤하다. 아무렇지도 않게 던지는 말들이지만, 너무도 친절하고 달콤해서 마음이 빼앗기지 않을 수가 없다.

이런 때 '입에 발린 말을 하는 사람이 곁에 있으면 실수가 일어난다'고 말하는 사람이 있다. 그 사람은 틀림없이 사랑받고 자랐기 때문에 상대가 위험하다는 사실을 알아차린 것이다. 이것은 마치 동물들이 사물을 관찰하는 행동과 같다. 동물은 뭔가 위험한 징조가 나타나면 곧바로 도망친다. 밀림 안에서 작고 약한 동물들이 생명을 유지하며 살아갈 수 있는 이유는 바로 이런 생존 감각 덕분이다.

일반적으로 마음속에 고통을 감추고 있는 사람은 친구관계가 나쁘다. 학교에서 학생들을 보고 있으면 얼굴이 갑자기 이상해질 때가 있다. 대개 사귀는 친구가 나쁜 경우이다. 이런 친구는 친절을 가장해 뭔가에 이용하려는 부류가 많다.

그런데 이용당하는 사람은 그것을 친절과 사랑이라고 착각한다. 사랑을 받아본 경험이 별로 없기 때문에 이용당하는 것을 인정받고 있다고 착각하며 기뻐하는 것이다. 만약 그에게 특별한 재능이 있다면 이용하려는 상대에게 모조리 빼앗기는 경우도 흔하다.

스스로 유아적 소망이 충족되지 못했음을 알고 있다면 우선 주변의 친구들에 대한 환경을 점검해 봐야 한다. 그렇게 불필요한 친구는 과감히 정리하는 게 정신 건강에 좋다. 원하는 친구가 존재하지 않는다면 그런 사람이 생길 때까지는 책을 친구로 삼는 것이 좋다. 책을 읽고 내면의 깊이와 넓이를 모색하다 보면 반드시 좋은 친구가 생길 것이다.

지금까지 당신은 사람들의 마음에 들기 위해서 노력하다 보니 진정으로 하고 싶은 일을 할 수 없었을 것이다. 그러나 만약 하고 싶은 일을 하면서 살아갈 수 있었다면 유아적 소망이 충족되지는 않더라도 현재와는 다른 인간이 되었을 것이다.

사랑받지 않았더라도 마음 편하게 살아갈 수 있었다면 결핍의 상처로 고통받지는 않았을 것이다. 마음 편하게 살 수 없었던 자신의 현실을 인정하는 것, 그것이 자신의 운명을 받아들이는 지름길임을 잊지 말길 바란다.

나를 잃지 않고 오늘을 사는 법

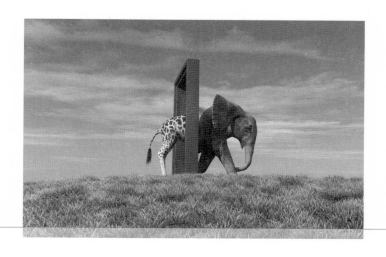

지난날에 사람들의 마음에 들기 위해
하고 싶은 일을 할 수 없었다면,
그런 자신을 인정하는 것이
운명을 받아들이는 길이다.

제 2 장

진정한 자기
자신을 만나라

1 / 왜 그들은
특별 취급을 원할까?

엄마와의 관계로
주위 사람들과의 거리를 알 수 있다

아이들은 갓난아기 때부터 자기가 엄마에게 없어서는 안 될 존재임을 느끼게 된다. 충분한 자격을 갖춘 엄마가 질리지 않을 정도로 말을 걸어올 때, 살과 살을 맞대며 목욕을 시켜줄 때, 대화를 하면서 식사를 할 때, 일상의 여러 가지 일들을 통해 엄마와 가깝다는 사실을 느낀다.

그런 엄마로부터 사랑스러운 눈길을 느낄 때 아이의 유아적 욕구는 한껏 충족되어 간다. 이렇게 아이들은 엄마와의 관계를 기준으로 이웃사람과의 관계, 친구와의 관계, 모르는 사

나를 잃지 않고 오늘을 사는 법

람과의 관계를 알아간다.

엄마에게 자기 자신이 특별한 존재임을 느낌으로써 엄마 이외의 사람들과도 거리를 좁혀 나갈 수 있다. 엄마에게는 자신이 특별한 존재라는 걸 알기에 어쩌다 만나는 사람에게는 자신이 그리 특별한 존재가 아님을 이해하게 된다.

이렇게 엄마라는 존재는 아이의 일생에 지대한 영향을 끼치는 나무와 같다. 나무의 키가 크고 가지가 풍성하면 그 아래 펼쳐지는 그늘도 크듯이 아이가 평생을 그 품에 안겨서 살아갈 수 있다.

엄마의 역할이 이렇게 큰데도 엄마 자신이 자신의 사명을 망각하면 문제는 심각해진다. 아이에게 평생 가도 지워지지 않는 사람의 결핍이 생기고, 이것이 인간관계를 맺어가는데 결정적인 영향을 끼치기 때문이다.

인간관계로 괴로워하는 사람들은 모든 관계에서 자신의 위치를 가늠할 수가 없다는 특징을 갖고 있다. 지금 눈앞에 있는 사람과 자기의 명확한 위치 관계를 알 수 없다는 이야기다.

살아가면서 푸념을 나눌 수 있는 관계가 있다. 바로 절친한 사람들이다. 신뢰하는 사람에게 자신의 속내를 툭 터놓고 마음껏 푸념을 하는 것이다. 다시 말해서 푸념을 나눌 수 있는 사람들에게만 푸념을 한다는 뜻이다.

그렇기에 우리는 믿고 의지하는 친구나 사랑하는 배우자에게는 회사의 상사나 부하에 대해 불만 섞인 푸념을 늘어놓지만, 처음 대면한 사람을 붙잡고는 절대 푸념하지 않는다.

그런데 마음의 고통에 시달리는 사람들은 처음 보는 사람과 대화를 나눌 때도 그 사람이 낯선 존재라는 사실을 인식하지 못하거나 무시해 버린다. 만약 남녀 관계일 경우, 이런 상황에서는 연애가 제대로 될 리가 없고 남자들끼리도 친구로 이어질 리가 없다.

그러면 고민은 계속해서 생겨나고 날이 갈수록 더욱 커져 간다. 그래서 내가 오랫동안 마음의 그늘 때문에 괴로워하는 사람들과 접해 오면서 뼈저리게 느낀 것은, 그들은 인간관계의 형성 방식은 물론이고 사물에 대한 원근감을 모른다는 사실이다.

인생에는 중요하다고 여길 필요가 없는 것들도 많이 있다.

대개 마음의 고통에 시달리는 사람들은 별로 중요하지 않은 것들에만 매달리는 경향이 있다. 그럴 필요가 없는 것들을 중요하게 여기고, 신경 쓸 필요 없는 것들을 고민하는 사이에 그것들이 어느 순간 마음속에서 점점 몹시 중대한 일이 되어 가는 것이다.

어느 누구도 처음부터 친한 관계가 될 수는 없다. 사람은 순서를 밟아가면서 점점 친해져 가게 된다. 사람과 사람이 친해지기 위해서는 시간이 걸린다는 이야기다.

예를 들어 마음의 병으로 시름하는 학생은 어느 날 선생님을 찾아가 상담을 청하는 경향이 왕왕 있다. 그런 학생은 교실에서 열심히 질문을 하면서 선생님에게 좋은 인상을 남기며 관계를 만들어 가는 일에는 서툴다. 그들은 인간관계의 거리감을 알지 못하기에 항상 주위 사람들과의 트러블로 고생한다.

왜 특별 취급을 바라는가?

라디오에서 전화 심리 상담을 할 때, 담당 프로듀서가 이런 질문을 했다.

"심리 상담을 하는 사람들은 왜 저렇게까지 자기중심적일까요?"

심리적으로 건강한 사람은 그들이 하는 말을 이해할 수 없다. 어떤 사람은 지금 당장이라도 상담 선생님을 만나기 위해 방송국에 오고 싶다고 하는데, 그러면 프로듀서는 선생님은 다른 일이 있어 안 된다고 대답한다.

그러면 그 사람은 어김없이 화를 낸다. 자신을 다른 상담자들과 똑같이 취급하지 말라고 쏘아붙이기도 한다. 왜 그럴까? 그것은 그 사람이 라디오 상담자를 자신의 엄마와 동일시하기 때문이다.

실제로 성장 과정에서 엄마, 또는 엄마만큼의 자격을 갖춘 사람이 곁에 있어서 모정의 따뜻함을 경험했고, 그에게 자신이 없어서는 안 되는 존재라는 사실을 충분히 느꼈다면 라디오의 심리 전문가와 자신과의 거리를 알 수 있다. 그렇기에 프로듀서에게 다른 청취자와 똑같은 취급을 받아도 화를 내지 않는다.

그러나 그런 사람은 '당신 이외의 사람들도 상담 선생님과 만나고 싶어 하지만 만날 수 없는 것은 마찬가지다'고 분명히 설명해 줘도 납득하지 못한 채 연거푸 화를 낼 뿐이다.

다른 청취자들과 똑같은 취급을 당했기 때문에 화를 내는 것이다. 그것은 어린아이가 자신을 다른 아이와 똑같이 대하는 엄마에게 화를 내는 것과 마찬가지다.

유아기의 소망이 충족되지 않은 채 성장한 사람은 누군가에게 자신이 없어서는 안 되는 존재인지, 또는 많은 사람들 중의 하나에 지나지 않는지를 구분하지 못하기 때문에 이런 문제가 생기는 것이다.

독일의 정신분석학자 카렌 호나이Karen Horney는 이렇게 말한다.

"신경증 환자들은 대부분 자신이 특별한 존재로 취급되기를 요구하는데, 그 이유는 엄마의 사랑을 경험하지 못했기 때문이다."

엄마의 사랑을 충분히 경험했다는 것은 부모와 무엇이든지 말할 수 있는 관계를 형성해 왔음을 의미한다. 부모와 살갑게 지내고, 부모 자식 사이에 하고 싶은 말을 무엇이든 다 해왔다는 뜻이다.

그러면 '이런 말은 집 밖에서 해서는 안 되는구나'라든지, '이런 태도는 부모님 앞이니까 해서는 안 되는 것이겠지'라든가를 그냥 알 수 있게 된다.

바로 이때 인간관계의 기준도 알게 된다. '이 사람에 대해서는 이렇게'라는 식으로 사람을 대하는 방법을 스스로 터득하게 된다는 얘기다. 유아기의 사랑이 결핍된 사람들의 결정적인 공통점은 바로 이 문제에서 정상적인 사람들과 차이가 난다.

피해자 의식을 가진 사람은
사랑받기를 원한다

주위 사람들로부터 괴롭힘을 당하는 것도 아닌데 다른 사람들의 말이나 행동을 보며 자신에 대한 괴롭힘이라고 받아들이는 것도 그들만의 특별한 발상법이다. 그것은 어쩌면 기대감이라는 욕구가 충족되지 않은 사람들만의 발상이라고 해도 좋을 것이다.

그가 상대방과 친해지고 싶어서 살갑게 대하는데도 통하지 않을 때는 상대의 태도를 괴롭힘이라고 해석한다. 그들은 길을 가다가 공이 어쩌다 자기 앞으로 날아와도 자신이 맞았다고 해석한다.

학교에서 선생님이 'A야, 앞으로 나와서 이 문제를 풀어

봐!'라고 하면, 선생님이 일부러 자기를 지목한다고 여긴다. 마음속이 불만으로 가득해서 자기를 둘러싼 세상의 모든 사물을 나쁜 쪽으로만 해석한다.

이런 사고를 가진 사람은 항상 주변이 적으로 둘러싸여 있다고 생각한다. 게다가 그들은 심리적인 성장에 실패했기에 자신의 인생만큼은 특별히 곤란해서는 안 된다는 생각에 빠지곤 한다. 자신의 삶에 고난이 있을 거라고는 인정하고 싶지 않은 것이다.

그래서 그는 괴롭힘이 아닌 일까지 괴롭힘이라고 받아들이는 것이다. 그렇게 자신을 괴롭힘을 당하는 피해자로 만들어 주위 사람들의 동정을 바란다.

심리적 성장에 실패한 사람은 자신의 인생에
고난이 있음을 인정하려 하지 않는다.

거기서 괴로움이 아닌 일까지 괴로움이 된다.

2

스스로에게
솔직해져라

마음속의 불만과
당당히 마주하라

몇 번이나 말했지만 유아기의 애정 결핍으로 나타나는 불만은 너무 막연하면서도 매우 크다. 어려서부터 사랑받지 못하고 살아 온 사람들은 자신이 하고 싶은 일을 할 수 없었던 것에 대한 원망이 남아 있고, 그 원망으로 인해 인생을 순탄하고 행복하게 살아갈 수가 없었다.

그들은 어린 시절부터 충분히 주목받지 못했고, 자신의 호소가 무시를 당했으며, 자신의 말에 아무도 귀를 기울여 주지 않았던 불만들이 마음속에 잔존해 있다. 그러한 불만이 일상

생활을 지배해서 마음이 거의 무너져 버렸기에 의식적으로 '이렇게 하자'고 생각해도 좀처럼 그렇게 할 수 없는 상태다.

속으로 '나는 저렇게 해야지'라고 다짐을 해도 '그렇게 하면 안 된다'는 마음이 먼저 앞선다. 마음속의 불만이 강박감으로 변해서 도저히 억제하지 못할 정도로 솟아나는 것이다.

이러한 마음속의 갈등은 그를 심리적으로 불안에 떨게 만든다. 그리고 불안이 증대되면 타인에 대한 증오로 번져서 아무에게나 적대감을 느끼는 등 극도로 부정적인 심리상태에 빠지게 된다.

어떤 사람이 행복한지 불행한지는 겉으로만 봐서는 알 수 없다. 마음속의 문제는 눈에 보이지 않기 때문이다. 행복이란 그 사람 마음속에 꼭 해결해야만 하는 과제가 있느냐, 없느냐에 달려 있다.

이것이 바로 심리학에서 말하는 행복을 느끼는 능력이다. 겉으로 보면 똑같은 상태라도 어떤 사람은 불행하고 어떤 사람은 행복한데, 어느 쪽인지는 마음속의 미해결 문제로 정해진다는 사실을 잊지 말기 바란다.

호주머니에 돈이 하나도 없어도 행복한 사람이 있고, 은행 잔고가 산더미 같아도 불행한 사람이 있다. 문제는 강박적으로 돈을 원하는 사람은 아무리 돈이 많아도 불행하다는 사실이다.

이따금 만인의 주목을 받는 재벌이 극단적인 선택을 했다는 뉴스를 접하곤 한다. 이것은 마음속의 갈등과 불안이 산더미 같은 돈보다 더 큰 무게로 그 사람을 짓눌렀던 결과라고 할 수 있다.

몹시도 사랑했던 여성에게 실연을 당해서, 이에 대한 원망과 집착으로 악착같이 돈을 모은 남자는 세상에서 가장 돈이 많은 갑부가 되더라도 불행을 느끼게 된다.

그가 행복해지는 순간은 상대에 대한 집착을 끊어냈을 때인데, 여전히 그녀를 마음에 품고 있다면 영원히 풀지 못한 숙제가 남아 있는 느낌으로 살아가게 되는 것이다.

채워지지 않는 목마름이 가슴속에 남아 있는 한 행복이 오지 않는다는 말은 유아기의 애정 결핍으로 평생 동안 신경증 환자로 살아가는 사람에게 딱 들어맞는 이야기가 된다.

컵 안에 절반쯤 물이 들어 있을 때, 아직 절반이나 남았다

고 생각하는 사람과 이제 절반밖에 없다고 생각하는 사람이
있다는 이야기가 있다.

이처럼 생각이 달라지는 것은 마음속의 미해결의 과제가
있기 때문으로, 마음의 과제를 해결하지 못한 사람은 컵 안의
물이 절반밖에 없다고 아쉬워한다. 애착을 끊어내지 않으면
이렇게 불행해진다는 것을 명심하자.

열 살 때 해결할 수 없었던 문제를 서른 살이 되어도 여전
히 해결할 수 없는 사람은 컵 안에 물이 들어 있지 않는 쪽에
신경을 쓰기 때문이다. 그렇듯이 언제 어디서나 자신이 중심
이 아니면 안 되는 사람은 대부분 불행하다.

똑같은 경제 상태라도, 같은 크기의 집에 살고 있어도, 똑
같은 학력이라도 타인에 대한 무제한의 집착이 없는 사람은
행복할 수 있다. 그런 사람에게는 자기만족이라는 무기가 있
기 때문이다.

행복을 느낄 수 있을지 없을지는 둘러싸여 있는 환경보다
마음이 그것을 어떻게 느끼나 하는 능력에 따른다. 그 능력이
란 과거의 문제를 해결해서 행복을 느낄 수 있는 사람의 것
이다.

타인이 자신보다 뛰어나서 마음에 들지 않는 서른 살의 사

람은 다른 이들과 같이 있어도 마음이 편하지 않다. 그는 입만 열면 질투하거나 발끈하거나 부러워하거나 비판적인 이야기를 늘어놓기만 한다.

불행한 별 아래에서
태어났다고 생각한다면

독일의 정신분석자 빅터 프랭클Viktor Frankl은 이렇게 말한다.

"불행한 별 아래에서 태어났다고 생각하는 사람에게 필요한 결단은 '나는 하느님의 자식'이라는 깨달음이다. 그리고 스스로 하느님의 자식으로 살아갈 거라고 다짐하는 것이다."

이런 결단에 의해 불행한 별 아래에서 태어난 사람은 영원한 생명을 손에 넣을 수 있다고 그는 말한다. 그래야 비로소 애정 결핍에만 집중해서 살아가서는 안 된다고 인식하게 된다는 것이다.

온전한 생명체로 살아가기 위해서는 세상의 한쪽 면이 아니라 전체를 바라보는 눈이 필요하다. 그런 결단을 통해 인생을 똑바로 바라볼 수가 있는 것이다.

문제는 유아기의 소망이 충족되지 않은 채 성장한 사람은 자신은 물론이고 세상을 바라보는 관점을 절대로 바꾸지 않고 계속해서 자신이 피해자라고 생각한다는 점이다.

자신의 괴로움이 가장 견디기 어렵다고 여기며, 자신의 고민만이 이 세상에서 제일 괴로운 일이라고 믿는다. 그런 사람은 이제 사고의 전환이 필요하다.

젊은 시절 읽은 책에서 이런 문장을 본 적이 있다.

"우리들은 신의 영광을 지상에 뿌리기 위해 살아간다."

이 말을 이해하자면, 불행한 별 아래에서 태어났더라도 신의 영광을 지상에 뿌리기 위해 살아가고 있다는 사실을 믿어야 한다. 견디기 어려운 괴로움의 유전자를 가지고 사랑이라곤 찾아볼 수 없는 환경에서 자란 사람이 살아갈 길은 이런 결단 말고는 없다.

마음의 문제를 해결할 수 없는 사람은

컵 안에 물이 들어 있지 않는 상황에만 신경을 쓴다.

3

자신의 위치를
알자

연장자와 자신이
대등하다고 생각한다

마음의 병에 시달리는 사람이 심리적으로 건강한 사람과 다른 점은 자신의 사회적 위치를 모른다는 점이다. 세상이라는 넓은 세계에서 자신이 어떤 입장에 처해 있는지, 자신의 위상이 어떤지를 모른다는 뜻이다. 자신의 아이덴티티, 다시 말해서 정체성이 제대로 확립되어 있지 않기 때문이다.

그들은 자신이 어떤 사람인지를 정확히 모른다. 자신이 최고라고 생각했다가 세상의 밑바닥을 전전한다고 믿는 등 하루에도 열두 번은 바뀌는 생각의 흐름 속에서 자신의 진짜 위치를 잃어버린 것이다.

이러한 사람은 자신이 이 세상 누구와도 대등하다고 생각한다. 자신의 사회적 위치를 알지 못하기 때문이다. 집에서는 부모와 대등하다고 생각하고, 학교에서는 선생님과 동등한 위치에 있다고 생각하며 주변의 모든 연장자, 심지어 사회적으로 유명한 인물과도 맞먹는 존재라고 생각한다.

회사에 갓 입사한 신입사원이라 해도 한두 번 함께 술을 마시면 부장도 같은 위치에 있다고 생각한다. 노래를 부를 때 그의 기분은 유명가수와 대등한 위치다. 이제 막 공부를 시작한 학생이라도 세계적인 학자와 대등하다고 생각한다.

그렇기에 상대가 그 위치에 설 때까지 흘려온 눈물이나 에너지, 땀과 눈물의 시간을 이해하지 못한다. 그렇다는 것은, 무서울 정도로 다른 사람에게 관심이 없다는 뜻이다.

사람이 누군가에게 관심이 있으면 '아, 이 사람은 오랫동안 고생해 왔구나!' 하고 생각하게 되고, 그런 사실에 대한 연민과 이해의 마음으로 상대를 바라보게 된다. 그러나 그들에게는 그런 애정 깊은 시선 자체가 없다.

아이덴티티가 없으면
상대방을 이해할 수 없다

마음의 병으로 괴로워하는 사람들의 편지에는 몇 가지 공통점이 있다. 첫째는 상대방이 나에게 흥미를 갖는 것이 당연하다고 생각한다는 점이다. 상대방은 그 사람에 대해 흥미는커녕 존재 자체도 알지 못하는데 그렇게 아전인수 식으로 생각하는 것이다.

그들의 이야기를 듣거나 편지를 읽다 보면 마치 교수와 학생의 관계 같은 기분이 들곤 한다. 일방통행 식으로 말하는 쪽은 학생이고, 그의 종잡을 수 없는 이야기에 괴로워하는 사람은 교수다.

그들은 편지를 쓸 때 '상대가 읽어주지 않으면 어떻게 하지?'라는 걱정을 하지 않는다. 내가 편지를 보냈으니 반드시 읽어줄 거라고 생각한다. 그것도 아주 즐겁게 읽을 거라고 굳게 믿는다.

모든 문제는 이런 착각으로부터 시작된다. 상대가 자신의 말이나 글을 제대로 듣거나 보지 않았다는 사실을 알면 실망하고, 분노하고, 증오하게 된다. 자신의 아이덴티티를 정확히 세우지 않으면 매사를 이런 식으로 세상을 바라보기 때문에 사태가 심각하게 돌아가는 것이다.

나는 지난 수십 년 동안 심리적으로 건강한 학생과 노이로제나 우울증같이 건강하지 못한 학생과 두루 접촉한 결과, 그 차이를 확실히 알게 되었다.

심리적으로 건강한 학생은 자신이 학생 신분임을 분명히 인식한다. 그렇기에 예의를 다해 인간관계를 시작한다. 이때 그 학생의 아이덴티티는 확실히 잡혀 있다고 볼 수 있다. 학생과 교수로 어울리는 동안 서서히 친해지다 보면 관계는 변화해 간다. 인간으로서 친해지는 것은 그 다음 문제다.

그러나 심리적으로 건강하지 못한 학생들은 갑자기 상대와 친한 관계가 되고, 갑자기 너와 나가 된다. 편지나 메시지에도 '나도 당신과 같다'고 쓴다던지, 처음 주고받는 메시지에도 몹시 친한 친구에게 쓰는 듯한 글을 쓴다.

여기에는 처음 만나 뭔가를 주고받을 때조차 상대의 의사나 생각은 중요하지 않다는 의미가 담겨 있다. 이런 자기중심적인 착각은 그들의 속성을 말해주는 반증이라고 할 수 있다.

그들은 어떤 사람과 처음 보는 사이라 해도 그와 어울리고 싶으면 그때부터 곧바로 둘 사이에 핫라인을 연결한다. 상대에게 자신이 특별한 존재라는 사실을 서슴없이 알리기 위해서다. 그러다 생각대로 되지 않는다는 걸 알게 되면 곧바로 상처받고 그렇지 않아도 병든 마음을 더 상처 나게 한다. 그는 생각한다.

"왜 저 사람은 나를 막대할까? 내가 이렇게 친절하게 하는데…… 정말 나쁜 사람이다."

그들은 이렇게 인간관계에서 자신의 위치를 정확하게 알지 못하기 때문에 쓸데없이 오해하고 아무 때나 투정을 부리는 것이다. 이 사람은 자신이 손님일 때와 친구일 때, 가족의 일원으로서의 인간관계의 본질을 이해하지 못하기 때문에 이런 일이 벌어지는 것이다.

사람은 만나자마자 친구가 될 수는 없다. 조금씩 시간이 쌓여 신뢰를 이어가고 서로가 특별하다고 여기게 되면서 가슴을 열고 친밀한 사이가 되어간다.

바로 이런 사실을 직시하지 않으면 오해와 불신이 생겨서 오히려 가까운 관계도 멀어지는 사이가 되고 만다. 주변에 이런 식으로 인간관계를 이어나가는 사람이 있다면 이 점을 고려하면서 교제하는 것이 좋을 것이다.

모르는 사람을 갑자기 친한 친구처럼 대해봐도

상대방은 친한 사람으로 대하지 않는다.

그리고 상처받는다.

4
자신을 중심으로
세상을 생각하면

앞서 말한 사람들은 왜 이런 식으로 살아갈까? 이유는, 어른
이 되었어도 자신의 정체성이 확실히 정립되지 않았기 때문
이다. 자신을 '누구'라고 생각하는 확실한 시각이 없기 때문
에 허무맹랑한 정체성을 세우는 것이다.

가령 그들은 테니스를 배우기 시작하면 곧바로 세계적인
프로선수와 자신을 비교한다. 다이어트를 시작한 지 일주일
만에 건강하고 우아한 배우를 떠올리고, 동네 한 바퀴를 달리
는 운동을 시작하면서 세계적인 마라토너를 생각한다.

미국의 정신분석학자 에릭 에릭슨Erik Erikson은 아이덴티티의 확립은 청년기에게 나타나는 일종의 숙제라고 말한다. 그렇기에 그때그때 심리적 문제를 해결하는 일 없이 뒤로 미루거나 안일하게 주저앉는 방식으로 청년기를 보낸 사람은 이후의 삶을 매우 고단하게 살게 된다는 것이 그의 지적이다.

자기 정체성이 확립되지 않은 채 엄마가 된 여성에게서 태어난 아이는 남보다 훨씬 힘든 시간을 보내야 한다. 엄마가 아이를 대할 때 아이의 능력은 생각하지 않고 자기 입맛에 따라 아이의 성향과는 전혀 다른 교육을 시킨다.

그런 엄마는 자기 아이가 어떤 유형의 사람인지 전혀 알아볼 생각을 하지 않고, 아이의 적성이나 능력도 모두 무시하면서 '이 대학은 물리학 연구가 유명하니 입학시켜야겠다'고 생각한다.

아이가 물리학을 좋아하는지 싫어하는지, 물리학이 어울리는지 어울리지 않는지, 그만한 능력이 있는지 없는지 전혀 상관하지 않고 그 분야의 최고 전문가가 되라고 강요한다.

그런 엄마에겐 아이는 없고, 세상의 기준만 존재한다. 그저 막연히 귀에 들려오는 소리에 이리저리 휘둘리며 기분 내키는 대로 아이의 미래를 선택한다.

그러면 아이마저 엄마의 기대를 내면화할 뿐 완전한 자기 부재가 된다. 엄마가 말하는 대로 물리학 연구가 세계적으로 유명한 대학에 들어가고 싶다고 생각하게 되며 자신이라는 존재도, 자기만의 기준도 없는 것이다.

자신을 매우 거대한
존재라고 믿는 위험

'메시아 콤플렉스messiah complex'는 개인이 구세주가 될 운명을 타고 났다고 생각하는 마음상태를 말한다. 이것 또한 신경증의 일종으로, 너무 지나치면 자신을 매우 거대한 존재라고 믿는 경향을 보이는데 이러한 망상은 조울증이나 조현병을 앓는 환자들에게서 많이 보고된다.

'과대망상'이라는 말도 있다. 자신의 현재 상태를 실제보다 과장하고, 그것을 사실인 것처럼 믿는 사고를 말하는데 이 또한 정신의 이상 증세에 해당한다.

특이한 점은 메시아 콤플렉스를 가진 환자들은 내심으로는 극심한 열등감에 시달린다는 것이다. 그러면서도 세상의 모든 고통받는 사람들을 돕고 싶다고 말한다.

이러한 메시아 콤플렉스에는 두 가지 원인이 있다. 하나는 우월함에 대한 갈망이다. 결코 우월할 수 없는 자기 자신임을 알면서도 그것을 감추기 위해 가당치도 않는 꿈을 품는 것이다.

다른 하나는 자신의 아이덴티티가 확립되어 있지 않다는 점이다. 자신이 곁에 있는 사람도 돕기 어려운 상태라면 인류를 돕는 일은 엄두를 낼 수 없다고 생각하는 것이 심리적으로 건강한 사람이다. 그런데도 왜 그들은 무작정 세상을 구하고 싶다는 말을 하는 것일까?

그것은 열등감에 시달리면서도 정작 가슴 속에 '나 자신'이라는 존재는 부재하기 때문이다. 자기 자신이란 '이 몸을 가진 나'이다. 또한 자기 자신이란 이 마음을 가진 나이고, 부모나 형제를 가진 나이다.

그러나 그들은 다르다. 항상 현실로부터 도망치는 '나 자신'이고, 겁이 많은 '나 자신'이다. 다른 사람들을 위해 전력을 다하는 것이 싫은 '나 자신'이고, 항상 이득이나 이익을 얻고자 하는 '나 자신'이다. 기껏해야 그런 능력만을 가진 '나 자신'이고, 평생을 이렇게 살아가야만 하는 '나 자신'이다. 이런 이기주의가 '나 자신'이다.

메시아 콤플렉스를 가진 사람은 자기 자신에 대해 현실감이 전혀 없다. 일반적으로 자신의 어려움으로 고통받는 주변의 사람은 나 몰라라 하면서 세상 사람들을 도와주고 싶다고는 말하지 않을 것이다.

이렇게 메시아 콤플렉스를 가진 사람은 자신이 어떤 사람인지를 정확히 알지 못한다. 그들이 청년기에 아이덴티티가 확립되어 있지 않았다는 것은 자기 자신과 타인 사이의 자아에 대한 경계가 없다는 의미이다.

흔히 사람들 입에 오르내리는 '모라토리엄moratorium 인간'도 여기에 해당된다. 모라토리엄이란 원래 경제용어로, '지불유예기간'이라는 뜻이다. 이 말을 미국의 에릭 에릭슨이 사회심리학 용어로 빌려와서 젊은이들이 사회인으로서의 의무와 책임의 지불을 유예하는 현상을 말한다.

그들은 한 마디로 말해서 어른이 되고 싶지 않은 젊은이들로, 몇 살이 되더라도 자기 자신을 어른으로 규정하는 일을 하지 못한다. 그들은 회사에서 일하겠다든가, 교사가 되겠다든가 등 자신을 한정지을 수 없기에 언제나 우주비행사나 대통령같이 꿈같은 일만 원한다.

그들 중에는 아예 취직을 하지 않고 허세만 부리는 사람도 있고, 취직을 해도 자신의 본래 직업이라고 생각하지 않는 사람도 있다. 아무리 나이를 먹어도 자기가 하는 일은 진짜 직업이 아닌 것이다.

자신의 입장에
걸맞은 행동을

예전에 읽은 책에서 '자신의 수입에 맞춰 생활할 것'을 권하는 문장을 본 적이 있다. 작가는 이렇게 말했다.

"이것은 수입에 대한 이야기만이 아니다. 쾌적한 인간관계를 맺으면서 사회생활을 하고 싶다면 자신의 수입에 맞는 생활을 함과 동시에 자신의 사회적 입장에 걸맞은 행동을 해야 한다."

대개 사람들은 무엇이 걸맞은 생활인지 기준을 잘 모른다. 이것은 달리 말해서 자신의 수준, 자신의 사회적 위치, 자신의 입장을 모른다는 뜻이다.

예를 들어 주위 사람들과 자주 문제를 일으키는 사람은 어떤 기준으로 살아가면 좋은지를 모르기 때문에 자꾸 트러블을 일으키는 것이다. 주위 사람들로부터 '당신이 선만 넘지 않는다면 남들에게 얼마나 도움이 되는지 모를 것이다'라는 말을 듣는 사람이 있다.

한 마디로 주제넘게 행동하지 말라는 뜻이다. 그가 주제넘게 행동한다면 비록 유능한 직원일지라도 상사들이 그에게 일을 시키는 걸 주저하게 된다. 자기 한계를 너무 쉽게 넘어버리기 때문이다. 이를 간단한 문장으로 표현하자면 주제도 모르고 함부로 날뛴다는 말이 적당할 것 같다.

신입사원이면서 부장처럼 행동하거나 전문가처럼 이것저것 아는 체를 하는 사람이 있다. 단지 얼굴만 아는 사이인데도 절친한 친구처럼 행동하는 경우도 있다.

이렇게 자신의 능력과는 다른 위치를 가지려는 사람들은 무엇이 자신에게 맞는 기준인지 알지 못한다. 기준을 모르기 때문에 매일매일 헛발질을 하며 실수 연발의 삶을 살아가고 있는 것이다.

사람은 사회라고 하는 큰 울타리 안에서 주위 사람들로부터 어떤 식으로든지 기대를 받고 살아간다. 사회가 그에게 기대하는 역할을 제대로 수행해 내는 사람은 남들에게 신뢰를 얻고, 존중을 받을 수 있다.

하지만 자기의 처지나 역할과는 완전히 다르게 행동하는 등 전혀 딴판으로 살아가기에 다른 사람들로부터 미움을 받는 것이다. 다시 말해서 '내가 아닌 나'로 살아가기 때문에 문제가 생긴다는 것이다. 주위 사람들과 이런저런 문제로 고민이 많다면 이런 사실부터 깨닫고 자신의 태도를 점검해 보기 바란다.

주위와 이런저런 문제가 많은 사람은
주위가 기대하는 역할과 다른 역할을 하려고 하기 때문이다.

하지만 주위 사람들은 그것을 원치 않는다.

5 / 자기만의 기준을
세운다는 것

이상적인 자신과의
괴리감

그렇다면 아이덴티티는 어떻게 확립하는 것일까? 세 가지 방법이 있다. 첫째는 이상적인 자기 자신과 현실적인 자기 자신을 확실히 구분하는 것이다. 되고 싶은 자기 자신과 현실적인 자기 자신을 착각해서는 안 된다는 말이기도 하다.

여기 좋은 예가 있다. 수면시간이 적을수록 인생에 도움이 된다고 생각하는 것을 '토마스 에디슨 증후군'이라고 부르는데, 이것은 미국의 정신과 의사인 앨런 홉슨Allan Hobson이 한 말이다.

그가 쓴 책에 매사추세츠주에서 살고 있는 에드윈이라는 사람이 나온다. 에드윈은 자신이 사업에 실패한 이유가 수면 시간이 길었기 때문이라고 확신하면서 수면은 시간 낭비일 뿐이라고 믿게 되었다.

그래서 어디서나 잘 수 있고, 게다가 수면시간이 적어도 아무 탈 없이 생활했던 토마스 에디슨을 자신의 롤모델로 삼았다. 실제로 에디슨은 사람은 하루에 4시간만 자면 충분하다고 말하며 이를 적극 권장했다.

그는 어떻게든 수면시간을 줄이려고 심지어 약물치료까지 받았다고 한다. 약물 치료를 하면 졸음은 사라지지만, 자연적인 현상을 약으로 억제함으로써 생기는 부작용에 대해서는 생각하지 못한 것 같다.

에드윈은 앨런 홉슨을 찾아와 수면시간을 줄여줄 약품 처방을 요구했는데, 홉슨은 별로 하고 싶지 않아 했다. 각성제의 한 종류로 잠을 쫓는 역할을 하는 암페타민Amphetamine은 중추신경계를 자극하고 교감신경계를 흥분시키는 약물로 중독성이 강하기 때문이었다.

홉슨이 에드윈에게 '당신은 토마스 에디슨이 아니다'라고 거듭 말해줬지만 에드윈은 이상적인 모델에 사로잡힌 나머지 현실을 받아들이지 않았다. 에드윈이 생각한 이상적인 자기 모습은 토마스 에디슨처럼 수면시간이 적어도 생활할 수 있는 사람이었다.

그러나 현실적으로 인간의 수면시간은 4시간보다는 길어야 한다. 에드윈은 항상 수면 부족에 허덕이며 몽롱한 나날을 보내다가 현실과 이상적 자기 자신 사이의 괴리감에 안절부절 못하며 살아갔다고 한다.

이렇게 현실적 자기 자신과 이상적 자기 자신의 괴리감에 괴로워하는 사람은 수면시간에 대한 것뿐만이 아니다. 수면의 질에서도, 쉽게 수면을 취하는 방법에 대해서도 많은 사람들이 괴로움을 느낀다.

잠들 수 없는 밤에 그들은 '아, 무슨 일이 있어도 푹 잘 수 있는 태평한 인간이 되고 싶다'고 생각한다. 그러면서 동시에 다음 날 해야 할 일에 대한 무거움을 상상하며 괴로워한다. 심지어 빨리 잠들려고 해도 잘 수 없는 스스로에게 화가 나기도 한다.

그리고 아침이 되면 잠이 부족해서 몸이 무겁기만 하다.

나를 잃지 않고 오늘을 사는 법

이때 그들은 '아, 제발 가뿐한 몸으로 일하고 싶다'고 생각한다. 그러면서 '왜 나는 남들처럼 쉽게 잠들지 못하는 것일까?' 하고 스스로를 한심하게 생각한다.

그들은 이렇게 잠들지 못하는 자신을 질책하면서 에디슨이 되지 못하는 자신을 나약한 인간으로 몰아세운다. '이렇게 되고 싶다'고 생각하는 자신이 이상적인 자기 자신이고, '나는 왜 이럴까?' 하고 생각하는 자신이 현실적인 자기 자신이다.

현실적인 자기 자신을 받아들이지 못한다

일을 해도, 운동을 해도, 무슨 일을 해도 곧바로 지쳐버리는 사람이 있다. 그러면 '아, 체력이 더 강했더라면……' 하고 한탄한다. '체력이 더 강했더라면 일도 더 할 수 있었을 텐데, 그러면 더 좋은 자리에 앉을 수 있었을 텐데, 그러면 더 높은 연봉을 받았을 테고, 더 쾌적한 생활을 할 수 있었을 텐데……' 하며 한탄한다.

그러다 보면 '나는 왜 이럴까?' 하며 자기멸시를 하게 되고, 자기 자신에게 분노를 느끼게 된다. 자신의 체력이 바닥인 것을 한탄하면서도 '이렇게 되고 싶다'는 이상적인 자기 자신에 대한 집착을 버리지 못하고, '이렇게 되지 않으면 안 된다'는 강박관념에 사로잡히게 된다.

잠들 수 없는 자신이나 내세울 수 없을 만큼 체력이 없는 몸이 원래 자기 자신이기에 어쩔 수 없는 일인데도 그러한 자기 자신이 용서가 안 된다. 그렇기에 몸 안에서 '이렇게 하지 않으면 안 된다'고 부추기는 목소리가 끊임없이 들려온다. 바로 강박관념이다.

이들은 무엇이 되고 싶다는 열망이 너무 강해서 이상적인 자신에 대한 집착을 버릴 수 없는 것이다. 이것이 심화되면 어떻게 해도 현실적인 자기 자신을 받아들일 수 없게 된다.

예를 들어 생각처럼 공부에 집중할 수 없을 때, 이들은 그럴수록 집중하지 않으면 안 된다며 초조해한다. 일의 성과가 좀처럼 오르지 않으면 성과를 더 올리지 않으면 안 된다며 불안해한다.

그러면 정말로 어쩔 수 없게 된다. 초조해서 될 일이 아닌 것을 머리로는 알고 있지만 마음이 초조한 나머지 일이 손에 잡히지 않게 된다. 이렇게 강박감이 심화된다.

실패 뒤의
상황이 두렵다

강박감에 이끌린 나머지 되고 싶은 자신이나 이상적인 자아상의 실현에 집착하는 사람들에게는 삶의 기준이 따로 없다. 기준이 있거나 없는 것의 차이는 무엇일까? 평소 좋아하는 돈가스를 오늘은 먹고 싶지 않다고 말하는 사람에게는 자기 나름의 기준이 있다. 오늘은 왠지 달달한 것이 먹고 싶다고 하는 말에도 기준이 있다.

반면에 피곤할 때는 이것이 먹고 싶다, 기분이 좋을 때는 저것이 먹고 싶다는 욕망이 없다면 그것은 기준이 없는 것이다. 그에게는 '이 노래를 들으면 기분이 좋아진다'와 같은 것이 없다. 마찬가지로 '이 노래를 들으면 눈물이 난다'는 것도 없다. 삶의 기준보다 강박이 크기 때문이다.

학교에서 수학 선생님이 정해진 시간 내에 제시된 문제들을 얼마나 풀지 각자 목표를 정하게 했다. 아이들은 나는 여기까지, 나는 저기까지 하며 저마다 목표를 정했다.

그런데 한 아이만은 조용했다. 그 아이는 다른 아이들보다 계산이 빠른 편이었지만 어디까지 한다고 말할 수가 없었다. 한 번 말을 하고 나면 '할 수 있을까, 없을까' 신경이 쓰일 테고, 목표를 달성하지 못하면 다른 아이들이 뭐라고 할지 신경이 쓰이기 때문이었다.

아이든 '거기까지밖에 못해? 너는 계산이 느리구나' 하는 말을 듣는 게 두려웠다. 마음속으로는 얼마든지 해낼 수 있을 것 같지만 끝내 목표 달성에 실패했을 때의 상황을 감당하기 어려웠다.

이런 태도야말로 기준이 없는 모습이다. 이때 선생님이 다가와 목표를 100% 달성하지 못해도 괜찮다고 다독여 주어도 그 아이는 자기 세계에 틀어박혀 머리만 흔들 뿐이다.

다른 아이들은 선생님의 애정 어린 지도에 따라 그런 강박감에서 벗어나게 마련인데, 그 아이만은 그러지를 못한다. 자기 자신을 옥죄는 강박의 울타리 밖으로 빠져나오지 못하는 것이다. 이런 때 가장 필요한 것이 삶의 기준으로 시간이나, 관심, 두려움 등을 이겨낼 기준의 확립이다.

초조해서 어떻게 될 일이 아님을 머리로는 알고 있다.
하지만 마음이 초조한 나머지 결국
일이 손에 잡히지 않는다. 그것이 강박감이다.

6
때를 기다릴 줄 아는
사람이 이긴다

**빨리 빛을 보려고 하면
인생이 틀어진다**

가을이 되면 은행잎이 하나둘 떨어져서 길거리에 황금 융단을 만들어 낸다. 여름에는 은행잎의 그런 멋짐을 알지 못했는데, 가을이 되자 홀연히 그런 모습으로 나타나 우리를 행복하게 한다.

가을에는 봄에 거리를 화려하게 장식했던 벚꽃이 보이지 않는다. 나무는 그대로 있어도 봄에 벚꽃 아래서 느꼈던 행복을 느낄 수가 없다.

때가 되면 빛나던 순간은 사라지고 새로운 빛남이 따라온

나를 잃지 않고 오늘을 사는 법

다. 인생도 마찬가지여서 그런 때를 기다려야지 빨리 보고 싶다고 억지로 잡아끌 수는 없다. 가을이 보고 싶다고 해서 시간을 당겨 쓸 수 없듯이 말이다.

어려서부터 주위 사람들의 따뜻한 사랑을 받지 못한 사람은 자신이 가을에 피는 은행잎인지, 봄에 피는 벚꽃인지 알지 못한 채 그저 맹목적으로 살아간다.

그들은 때와 장소를 가리지 않고 다른 사람들 앞에서 빛나려고 하다가 실패의 쓴잔을 마시게 되고, 결국 마음대로 안 되는 세상을 탓하며 낙담하게 된다.

사랑받지 못한 사람에게도 빛나는 시기는 분명히 있다. 그러나 그 시기가 언제인지는 알지 못한다. 그들의 진짜 문제는 사랑받지 못했기 때문에 그런 사실을 배우지 못했다는 것이다.

사람들은 여름이 되면 나무의 푸르름을 좋아한다. 그러다 겨울이 되면 마른 나무들을 보며 저마다의 느낌으로 시간의 흐름과 계절의 의미를 생각한다.

겨울이 되면 여름의 푸르름을 찾아보기 어렵고, 가을의 풍요도 볼 수 없다. 추위와 삭막함, 찬바람으로 인해 몸이 움츠

러들 뿐이다. 그럼에도 우리는 묵묵히 겨울을 견뎌낸다. 그 계절 나름의 의미가 있기 때문이다.

등산을 가면 산 아래쪽부터 정상을 향해 거침없이 달려 오르는 사람이 있다. 조금 천천히 걸어도 언젠가는 정상에 오를 수 있는데 남보다 더 빨리 걸으려고만 한다. 심지어 어떤 사람은 더 빨리 정상에 오를 수 있는 길을 묻는 경우도 있다.

아기가 어른의 걸음걸이를 따라 하면 짧은 시간은 걸을 수 있을지 모르지만 금방 지쳐 쓰러지게 된다. 저마다의 속도, 저마다의 방향으로 걸어가는 것을 우리는 계절의 순환을 보며 깨닫게 된다.

시련의 세월을
통과한 사람

비즈니스맨, 학자, 연예인, 신문기자 등 어느 세계에서 일하는 사람이든 10년 이상을 버텨온 이들은 적어도 스스로의 속도로 고난과 역경을 이겨낸 사람들이다.

아무런 고난도 겪지 않은 온실 속의 꽃나무가 말라 죽어 가면 사람들은 별로 측은한 느낌이 없다. 그러나 외진 산골짜기에서 눈서리를 다 맞으며 자랐어도 나름의 생명력으로 가지를 뻗어나간 나무는 우리에게 많은 교훈을 준다.

1년을 열심히 살아서 단풍을 드리운 나뭇가지는 정말 멋지다. 하지만 봄이나 여름에 느닷없이 단풍이 드는 나무는 병이 들었거나 뭔가 잘못된 게 분명하다.

오랜 세월 고난과 역경을 버티며 노력해 온 사람의 얼굴이야말로 내실을 다지고 다진 진짜 모습임을 잊어서는 안 된다. 나는 당신의 얼굴이 그런 얼굴이었으면 좋겠다.

벚꽃이 피는 시기에는

아무도 은행나무를 보지 않는다.

하지만 때가 되면 반드시 은행잎이 빛날 때가 온다.

제3장

자기 자신과
잘 어울리며 살자

1
뇌의 회로를
바꾸자

| 인정받고 싶다는
| 욕구

사람은 유아적 소망이 충족되지 않은 것만으로도 큰 문제가 되지만, 그럴 경우 대개 아버지에게도 파괴적 메시지를 받게 된다는 부작용이 있는 게 더 큰 문제이다. 아이가 심리적으로 이상해질 때는 부모와의 관계성에 문제가 있는 경우가 흔하다. 이런 때는 부모 양쪽이 심리적으로 안정되어 있지 않기 때문이다.

여기서 말하는 파괴적 메시지란 대개 이런 것들이다. 가령 생색내기 좋아하는 아버지가 귀에 못이 박히도록 '너를 위해 내가 얼마나 고생하고 있는지 아니?'라는 말을 하면, 아이는 자신이 이 집안에서 불행의 원인이 된다는 생각을 하게 된다.

이는 '너는 가치 없는 아이야!'라고 말하는 것과 같다. 이런 파괴적 메시지를 받고 자란 아이는 인간관계에서 자신감을 잃고 언제나 우왕좌왕하게 된다. 사람들이 자신을 좋아하지 않을 것이라는 두려움 때문이다.

그렇게 되면 살아가는 일 자체가 바윗돌에 눌려 있는 것 같은 부담으로 작용한다. 그렇기에 그런 아이들은 누군가 지나가는 말만으로도 칭찬을 해주면 기뻐한다. 그만큼 누구에게라도 인정받고 싶은 마음이 꽉 차 있기 때문이다.

이렇듯이 유아기에 마땅히 흡수했어야 할 사랑이 결핍된 사람은 다른 이들에게 인정받고 싶은 마음이 크다. 이것은 인간의 기본적 욕구인 '사회적 승인에 대한 욕구'가 심화되었기 때문에 생긴 것이다.

무너진 마음은
보이지 않는다

어른이 될 때까지 충족되지 않은 유아기 때의 소망과, 성장하면서 연이어 들리는 파괴적 메시지 때문에 산산이 부서진 마음은 신경증적 불안감을 안겨준다. 그렇게 되면 잠시도 안심하고 살아갈 수가 없다. 강박감에 떠밀려 불안한 마음이 나날이 증폭되기 때문이다.

그러다 유아적 소망이 어느 정도 충족되고 파괴적 메시지가 마음속에서 사라지면 아이는 그제야 안심하고 살아갈 수 있게 된다. 피해망상으로 고달팠던 시간에서 자유롭게 헤엄쳐 나오는 것이다.

그런데 여기서 두 부류의 인간형으로 나뉜다. 하나는 정상적인 품성을 가진 어른으로 살아가지만, 다른 하나는 어린 시절의 아픈 기억을 잊지 못한다. 이러한 사람은 마음속으로 생각한다.

'나는 열심히 노력해 왔는데 왜 항상 공격을 받았을까?'

그러면서 잠잠히 가라앉혔던 분노를 끄집어내곤 한다. 그러면 그때부터 자신을 공격했던 사람들의 방식으로 다른 사람을 공격하려는 마음이 생기고, 이런 현상은 날이 갈수록 심화된다. 자신을 공격하지 않는 사람도 오해하거나 이에 화가 나서 상대방을 공격하려는 마음까지 생기는 악순환에 휘말리게 된다.

나를 잃지 않고 오늘을 사는 법

인간은 태어났을 때부터 유아적 소망을 가지고 있다. 그 상태를 심리적 0세라고 한다면 사람에 따라서는 20세가 되었을 때 마이너스 20세가 되기도 한다.

태어났을 때는 누구도 파괴적 메시지를 받지 않는다. 따라서 심리적으로 보면 유아기가 가장 살기 편한 때인지도 모른다. 유아기에는 살아가는데 자신감이 있다.

생명력이 풍부한 사람은 우울증에 걸린 사람이나 노이로제에 시달리는 사람에게 '이제 서른 살이잖아!'라는 말을 자주 한다. 하지만 그들은 유아보다도 오히려 심리적으로 살아갈 능력이 없다고 볼 수 있다. 그렇기에 50세가 되어서 우울증에 걸리거나 자살을 하는 사람이 생기는 것이다.

그런 사람은 유아적 소망이 충족되지 않은 채 성장했고, 끊임없이 들었던 파괴적 메시지로 인해 살아갈 능력을 계속 빼앗겨 왔다.

세상 사람들은 그를 외적 나이로만 바라본다. 그러나 그들의 마음은 무너져 있다. 그렇게 무너져 버린 마음으로는 바깥 세계가 전혀 보이지 않는다. 그러니 항상 칭얼거리면서 마이너스 20세로 살아가는 것이고, 사람들과 섞이지 못하고 혼자만의 세계에서 방황하는 것이다.

스스로에게 살아갈 가치가
있다고 말해주자

이런 환경에서 자란 사람은 결국 자신이 스스로를 구제할 수밖에 없다. 그러기 위해서는 부모로부터 받은 파괴적 메시지를 머릿속으로 반복해서 부정하는 습관이 필요하다.

나는 아무에게도 공격받지 않았다, 나는 살아갈 가치가 있다, 나는 누구에게 함부로 끌려다닐 필요가 없다, 나는 누구에게도 미움받지 않는다, 나를 모든 사람이 싫어하는 건 아니다, 나는 안심하며 살아도 된다……. 이런 말들을 아침저녁으로 반복해서 스스로에게 되새기다 보면 이제까지와는 다른 사람으로 다시 태어날 수 있다.

계속 반복해야 한다. 어쩌면 죽을 때까지 반복해야 될지도 모른다. 믿을 수 없을 만큼 반복해도 다시 무너질 수 있으니 반복하고 또 반복해서 어떻게든 뇌의 회로를 바꿔야 한다. 그렇게 뇌의 회로를 바꿔버리는 성과를 이룬 뒤에는 스스로에게 정말 대단한 일을 했다고 말해도 좋다.

당신은 아무에게도 공격받지 않고 있다.

당신에게는 살아갈 가치가 있다.

당신은 안심하며 살아도 된다.

2
인생의 불공평을
받아들여라

마음의 병을 가진
부모 밑에서 자란다는 것

알코올 의존증을 갖고 있는 부모 밑에서 자란 아이와 정상적인 부모 밑에서 자란 아이, 노이로제에 걸린 부모 밑에서 자란 아이와 밝고 배려심 있는 부모 밑에서 자란 아이……. 이렇게 상반되는 운명은 아이에게는 슬픈 일이지만 어떤 의미에서는 피할 수 없는 숙명 같은 일이다.

문제는 노이로제에 걸린 부모 밑에서 자란 아이들은 그로 인한 문제점을 알아차리지 못한 채로 성장한다는 사실이다. 그런 아이들은 대개 자신을 억제하지 못하고 갈팡질팡하는 인생을 살아가는 부모 밑에서 자란 탓에 자신도 모르게 부모의 발걸음을 따라가는 삶을 살게 된다.

오스트리아 심리학자 베란 울프 Beran Wolfe는 '행복도 불행도 복리複利로 불어난다'는 말을 남겼다. 복리란 시간에 따라 늘어난 이자를 원금과 함께 더해 이자를 주는 융자 방식의 하나이다. 한 마디로 말해서 원금에다 막대한 이자를 더해 준다는 뜻이다.

불행이 복리로 불어난다는 것은 정말 무서운 일이다. 예를 들어 인생의 첫 환경인 부모와 만남이 불행으로 시작해서 복리로 불어간다면 생애 마지막에 이르러서는 얼마나 커다란 불행에 빠지겠는가.

이로써 마음의 병에 걸린 부모 밑에서 성장한다는 것이 얼마나 큰 불운인지 알 수 있다. 불행이라는 라인에서 인생을 출발해야 하는 사람에게는 먼저 그것의 중대성을 받아들이도록 교육해야 한다. 그런 운명 아래 태어난 사람은 일반적인 수준으로는 인생을 제대로 살아갈 수 없다는 사실을 가르쳐 줘야 한다는 뜻이다.

그렇지 않고 방치하거나 외면한다면 그 아이는 평생을 마음의 짐을 껴안고 살아야 하고, 어쩌면 그런 비극의 유전자를 대대손손 물려주며 살게 될지도 모른다.

인생의 첫 출발을 위한 환경적 요소는 부모만이 아니다. 가족도 운명이다. 같은 형제라도 동생을 지켜주는 형이 있고, 반대로 동생을 우울증에 걸릴 정도로 몰아세우는 형이 있다.

예를 들어 여기저기서 빚을 져놓고 어딘가로 도망쳐 버리는 바람에 뒤처리를 동생이 떠맡아야 하는 경우가 있다. 심지어 악행을 저지르는 일에 동생을 끌어들였다가 자기만 쏙 빠지고 동생이 몽땅 뒤집어쓰는 경우도 있다. 그렇게 되면 형은 가족이 아니라 원수지간이 되고 만다.

그런가 하면 동생에게 올바른 삶의 방식을 가르쳐 주는 형도 있다. 어려움에 처한 동생을 대신해서 문제 해결을 위해 발 벗고 나서는 형이 있다면 얼마나 든든할까?

가족의 사랑 속에서 자란 사람은 그대로 자라 제대로 된 사람들의 세계 속으로 흘러들어 간다. 그 후에도 좋은 사람들과 인간관계를 맺어 순탄한 삶을 살아간다.

그러나 좋지 못한 가족 안에서 자란 사람은 그 후에도 힘든 관계에 둘러싸여 살아가는 경우가 많다. 이것이 바로 불행은 복리로 불어난다는 의미이다.

사랑을 착취당하는 환경에서 자라면 아무리 노력해도 충분한 사회성을 갖추지 못하게 된다. 결함이 있는 인격으로 성장하여 아무리 노력한들 결국 여러 가지 인간관계의 문제를 짊어질 수밖에 없는 것이다.

불공평이 증오를 낳는다

큰 산불이 일어나 많은 주택들이 타면서 이재민이 많이 생겼다. 폴란드의 철학자 타타르키비츠[W. Tatarkiewicz]는 이때 산불로 인해 큰 피해를 입은 사람은 당연히 고통스럽지만, 자신만 피해본 것이 아니기 때문에 생각하는 것만큼 괴로워하지 않는다고 했다.

이 말은 사람의 불행은 '불공평'의 문제임을 말해주고 있다. '왜 나만 이런가? 왜 나에게만 재난이 밀려오나?' 이런 생각이 사람들을 불행의 늪에 빠지게 한다는 이야기다.

인생은 원래 불공평한 것이다. 모든 사람의 운명이 100%

일치하는 세상을 상상할 수 있을까? 우리가 인생의 불공평을 액면 그대로 받아들일 때, '나는 지금 큰 싸움을 하고 있다'고 자부할 수 있다. 그러면 자신의 인생을 자랑삼아 겸허해질 수가 있게 된다.

반대로 인생의 불공평을 한탄만 하면 어디서 무슨 일을 하든, 아무리 열심히 해도 행복해질 수가 없다. 사람은 자신의 운명을 받아들여야만 행복해질 수 있다는 뜻이다.

불공평은 누구에게나 힘들지만 사랑받지 못한 채 성장한 사람에게는 더욱 힘든 일이다. 카렌 호나이 박사는 자아멸시가 심해지면 타인과 자기 자신을 강박적으로 비교하는 일이 일어난다고 말했다. 자신의 단점이나 부족한 점을 부각시켜 자신을 학대하는 방법을 찾는다는 것이다.

습관처럼 자아멸시를 계속하는 것은 다른 사람들로부터 사랑을 받지 못하기 때문이다. 충분히 사랑받고 자랐다면 자아가 확립되어 '나는 나, 남은 남'이라는 생각이 자리를 잡았을 테고, 그랬더라면 타인과 자신을 비교할 필요가 없을 것이다.

앞서 사랑받지 못하고 성장한 사람이 인생은 원래 불공평한 것이라는 사실을 받아들이면 구제를 받을 수 있다고 했다. 그러면 다른 사람들과 자신을 비교하지 않고 자기만의 목적에 따라 살기 때문이다.

"인생이란 원래 평등하게 되어 있지 않다. 나의 불운은 어떤 의미에서 당연한 것이다. 그렇다면 내 인생은 지금부터 다시 시작하면 된다!"

이런 다짐이 인생을 바꾸는 출발점이 된다는 사실을 잊어서는 안 된다. 불공평이 증오를 낳는다고 했는데, 오히려 불공평을 당연한 것으로 생각하고 마음으로 받아들이면 행복이 시작된다는 걸 마음에 새기기 바란다.

인생은 원래 불공평하다.

그것을 진심으로 받아들일 때

당신은 행복해질 수 있다.

3 / 자신의 과거를
받아들여라

결단과 신념으로
자신의 인생을 살아가라

자신의 과거를 순순히 받아들인다면, 그것은 인생을 바꿀 결단이자 인생 최대의 업적이 될 것이다. 어떤 부모를 가졌는지, 어떤 인간관계 속에서 자랐는지는 당신의 책임이 아니다. 하지만 그것을 자신에게 주어진 운명으로 받아들이지 않는 것은 당신의 책임이다.

인생의 업적은 사람마다 모두 다르다. 사람은 저마다 다른 운명을 가지고 태어나기 때문에 인생의 업적도 사람에 따라 다를 수밖에 없는 것이다.

어떤 사람에게 인생의 업적은 사회에 대한 공헌이다. 혁명의 지도자가 될 운명을 짊어지고 태어난 사람은 정치적 공헌이 인생의 업적이다. 전쟁터에 나가 최전선을 지키는 것도 나라에 대한 공헌이다.

하지만 모든 사람이 사회에 공헌하고, 정치적 업적을 남길 수는 없기에 세상에 남길 만한 자기만의 무엇을 찾아야 한다. 자신의 업적이 반드시 거창하지 않아도 된다는 뜻이다.

나는 유치원 선생님이나 초등학교 교사야말로 가장 존경받아야 할 직업이라고 생각한다. 많은 사람들이 어린 시절 처음 만난 교사들의 영향을 받아 자기 삶의 진로를 정하는 경우가 많기 때문이다.

이들의 업적은 정치가나 장군, 재벌에 절대 뒤지지 않고, 어쩌면 다른 거창한 인물들보다 훨씬 더 존경받아야 한다고 생각한다.

그렇기에 자신에게 주어진 삶을 씩씩하게 살아가겠다고 결심하고, 자기만의 신념을 세워 우뚝 일어서는 사람이 되어야 한다. 자기만의 노트에 자기만의 색깔로 글씨를 써 내려가는 사람이야말로 진짜 성공한 사람이라는 뜻이다.

그러나 자기에게 주어진 삶을 부정하고 엉뚱한 길을 가는 사람은 자기만의 노트에 타인의 색깔로 마음에도 없는 글씨를 써 내려가는 것이기에 불행이 계속 닥쳐오게 된다. 그렇기에 결단과 신념으로 자신의 인생을 당당하게 살아가라고 말하는 것이다.

단점도 자신만의 개성이다

오랜 기간 스트레스를 받으며 살게 되면 우리의 뇌에서는 '카테콜아민catecholamine'이라는 스트레스 호르몬이 분비된다. 마음의 병에 시달리면 다른 사람들에 비해 이 호르몬이 더 많이 분비되기 때문에 보통 사람들은 스트레스를 느끼지 않는 상황인데도 곧바로 스트레스를 받는다.

문제는 특히 지나간 일들에 후회가 많지만, 아무리 괴로워해도 지나간 일들은 바뀌지 않는다는 사실이다. 어떤 일이 잘못되어 스트레스 때문에 잠을 못 이루며 괴로워해도 지나간 일은 어쩔 수 없다.

사회적으로 인정받는 업적을 쌓는 것만이 멋진 삶은 아니다. 역사책에 이름을 올리며 거창하게 살아가는 것만이 좋은 삶인 것도 아니다.

자신의 뇌로 살아가는 것이 자신의 인생을 사는 것이다. 타인과 자신을 비교할 수 없다는 말은 바로 그런 뜻에서 하는 이야기다. 무엇보다 먼저 현재 뇌의 상태를 받아들이는 것이 새로운 출발의 첫 걸음이다.

뇌를 정상화하기 위해서는 첫째로 현재의 자기 자신을 솔직하게 인정하고 알아야 한다. 문어가 자신의 다리가 8개 있음을 알고 있다면 가오리나 상어와는 다르다는 사실을 이해할 수 있을 것이다. 다른 생선들과 자신이 다름을 안다는 것은 자신을 기준으로 사물을 판단할 수 있다는 의미가 된다.

문어가 자기 자신을 알지 못한다면 어떻게 될까? 누군가 '너는 가오리야? 상어야?'라고 물을 때 대답할 수 없을 것이다. 자신의 정체성에 대한 무지로부터 세상의 모든 비극은 시작된다.

만약 문어의 부모가 유아기에 '너는 고래야'라고 말해주었다면, 거기서부터 문어의 비극은 시작된다. 자신이 문어인데도 문어인 줄을 모르는, 고래가 아닌데도 고래라고 여기는 착각이 문어의 삶을 바꿔놓을 테니 말이다.

당신은 자신이 문어인 줄 알고 문어답게 살아가고 있는가?
아니면 고래라고 착각하고 고래의 몸짓을 흉내 내며 살아가
고 있는가.

언제나 무슨 일을 해도 불안을 느끼며 초조해하는 사람이
있다. 마음에 그늘이 있는 사람은 모든 일을 현실의 자기 자
신으로부터 출발하지 않는다. 현실을 살아내고 있는 자신이
존재하지 않기 때문이다.

언제 어디서든 자기 자신으로 살아가는 것, 자신의 지나온
발자국을 인정하고, 거기서부터 새로운 삶을 살겠다고 결심
하는 것. 유아기 때부터 결핍과 외로움에 시달리며 살아온 당
신에게는 이런 태도가 필요하다.

어떤 부모에게서 태어났는지는
당신의 책임이 아니다. 그러나 그것을 운명으로
받아들이지 못하는 것은 당신의 책임이다.

4
인생은 스스로
헤쳐나가는 것

장애물은 반드시
넘어서야 한다

당신이 행복해지기 위해서는 지금의 장애물들을 반드시 넘어서야 한다. 자신의 삶의 행로에서 장애물을 원하는 사람은 아무도 없다. 그것은 전쟁을 원하는 사람이 없는 것과 마찬가지다.

미국에서 가장 존경받는 인물은 링컨이다. 링컨은 노예해방을 단행한 인물로 만인의 존경을 받고 있지만, 그러한 업적이 수없이 많은 사람들이 죽은 남북전쟁을 기반으로 한 것이라는 점을 주목하는 사람은 별로 없다. 전쟁이라는 커다란 장애가 없었다면 링컨 같은 위대한 인물은 탄생하지 못했을 것이다.

인류 최대의 범죄는 아돌프 히틀러의 나치가 저지른 유태인 학살이라고 한다. 유태인에 대한 잔혹한 탄압과 세계를 손에 넣으려는 야욕으로 인해 얼마나 많은 사람들이 죽어갔는지 모른다.

그런 나치를 처단한 것은 제2차 세계대전을 통해서다. 처칠이나 루즈벨트 같은 인물들이 손을 잡고 일어나지 않았다면 세계는 히틀러라는 괴물에게 지배당했을지도 모른다. 세계인들은 진정한 평화가 어디서 오는지를 세상에서 가장 크고 혹독했던 전쟁을 통해 알 수 있었다.

누구나 자신의 삶이 평탄하기를 바란다. 자신의 인생에 장애물이 생기기를 원하는 사람은 아무도 없다. 그러나 베토벤은 '고뇌를 거쳐 환희에 이른다'고 말했다. 우리가 환희를 느낄 때는 거저 얻어지는 것이 아니라 그만한 희생을 치러야 한다는 의미이다.

삶에 지친 당신은 이제 인생이란 원래 그런 것이라고 받아들일 수 있어야 한다. 인간으로 태어난 이상, 인간은 원래 그런 것이라고 생각하라는 뜻이다. 그러면 바로 그때부터 인생은 달라진다.

미국의 심리학자 데이비드 시버리는 이렇게 말했다.

"불행을 받아들이고자 하는 마음이 생기면, 바로 그 순간 무엇을 하면 좋을지 떠오른다."

삶에 지친 당신이 제일 먼저 해야 할 일은 '나의 인생은 힘들다'라고 인정하는 것이다. 이것을 할 수 있으면 무엇을 할지 생각할 수 있고, 그런 고민이 앞날을 밝게 한다. 그러지 않고 현실을 부정하면서 '왜 나만 이렇게 힘들까?' 하고 불만을 토로할수록 더 힘든 인생이 펼쳐질 수밖에 없다.

운명을 거스르면
더욱 가혹해진다

데이비드 시버리는 또 이렇게 말했다.

"기계가 고장이 나서 수리가 필요할 경우, 기술자의 모든 신경은 어떻게 기계를 정상적으로 되돌려서 제대로 작동하게 하느냐에 집중된다."

데이비드 시버리는 이 말을 통해 이렇게 묻고 있다.

"당신은 당신의 삶을 제자리에 돌려놓기 위해 얼마나 집중해서 노력하고 있습니까?"

한 건강 잡지에서 이런 글을 본 적이 있다. 올림픽 수영 경기에 출전한 선수들 중에 수영을 시작한 계기가 천식을 극복하기 위해서였다고 말하는 사람들이 유난히 많다는 기사였다.

천식은 알레르기로 인한 염증으로 기관지가 반복적으로 좁아지는 호흡기 질환이다. 숨이 차고 마른기침이 나며 가슴이 몹시 답답해지는 증상이 반복적으로 진행되는 고질병이다.

올림픽 수영선수들은 괴로운 천식을 자기 의지로 받아들인 것이라 볼 수 있다. 그들은 '왜 나만 이렇게 괴로울까?'라며 탄식하지 않고 수영이라는 운동을 통해 호흡 곤란을 극복하려고 했고, 올림픽에 출전하는 또 다른 승리까지 챙겼다.

인생은 바라는 대로만큼 이루어지지 않는다. 누구나 마찬가지다. 아무리 버둥거려도 소용이 없다. 하지만 과분하게 바라지 않고, 운명에 대항하여 버둥거리지 않으면 마음에 여유가 생긴다.

이제 운명을 탓하며 한숨을 내쉬는 모습은 버리도록 하자. 주구장창 자신의 운명만을 탓하는 사람은 압도적으로 강한 군대에 맞선 나약한 군대의 병사와 같아서 전투가 길어질수록 패색이 짙어진다. 얼마 전에 구입한 책에서 이런 글을 읽었다.

"농업 분야에서 우수한 농민이란 재배하는 방법이나 풍토에 맞춰 기를 수 있는 품종을 찾아다니는 사람이다."

이제 당신도 당신의 운명에 맞는 삶의 방식을 찾을 때이다. 데이비드 시버리는 '행동이 우리들 마음속에 다른 감정을 불러일으킨다'라고 했다. 자신의 운명을 받아들이면 그 운명에 맞는 새로운 자기 자신을 발견할 수 있기 때문이다.

자기 삶의 목적을
잊어버리지 마라

자기 자신을 온전히 받아들지 못하는 사람은 어느 순간 인생의 목적을 잃어버리게 된다. 이것을 이솝 우화 식으로 말하자면 다음과 같다.

제비와 말과 돼지가 함께 어울리게 되었는데, 어느 날 제비와 말이 '저곳으로 가자!'고 말했다. 그러자 돼지는 자신도 모르게 앞으로 달려나가기 시작했다. 발이 느린 돼지가 '저기'에 도착했을 때는 이미 제비와 말은 보이지 않았고 오직 돼지 혼자뿐이었다. 어느새 날은 저물고, 돼지는 너무 힘들고 외로워서 울고 말았다.

돼지는 제비나 말과 함께 뛰지 말았어야 했다. 자신을 제대로 받아들이지 못하는 사람은 돼지처럼 자신이 어디로 뛰어가는지를 모르고, 정신없이 앞으로 뛰어가는 것을 멈추지도 못하다가 결국 불행해지고 만다.

그럼에도 불구하고 돼지는 다음날 제비와 말에게 같이 놀아 달라고 말한다. 혼자 떨어져 지내는 게 싫기 때문이다. 하지만 오늘도 역시 어제처럼 자신은 알지 못하는 '저곳'을 향해 맹목적인 질주를 계속하게 된다. 돼지의 운명은 그렇게 스스로 만들어 낸 결과였던 것이다.

운명을 받아들이려고 할 때 망설이거나 결단하지 못하는 사람들이 많다. 자기 앞에 놓인 운명의 거대함에 엄두가 나지 않기 때문이다.

그러나 받아들이지 않으면 더 비참해질 뿐이다. 계속 그렇게 회피하기만 해서는 '불을 피하려다 물에 빠진다'는 말처럼 운명을 피하려다 만나는 것은 더욱 더 비참한 나날들뿐이다.

여기 아사 직전인 아이가 있다. 아무도 그 아이를 거들떠 보지 않았지만, 잠시 후 어떤 사람이 그 아이에게 다가가 죽을 끓여주었다. 그때 그 아이가 '다른 아이는 케이크를 먹던 데……'라고 불평을 하면 어떻게 될까?

그렇게 말하면 아무리 시간이 지나도 도움을 줄 사람은 나타나지 않을 것이다. 자신이 굶어죽기 일보 직전이라는 사실을 받아들이지 않으면 죽는 수밖에 없다. 아사 직전임을 받아들여 기꺼이 죽을 받아먹음으로써 다시 일어설 길이 열리게 된다.

운명은
거스르면 거스를수록
가혹해진다.

5 / 자신을 둘러싼 환경을
받아들여라

| 사랑받으며 자란 아이,
| 착취당하며 자란 아이

'빈민가에서 대통령으로' 같은 이야기가 자주 성공 스토리로
사람들 입에 오르내린다. 미국에서 위대한 인물로 추앙받는
사람들 중에는 빈민가에서 태어난 경우가 많다는 말이 있을
만큼 어렵고 힘든 상황에서 세계의 지도자로 우뚝 선 인물들
이 많다.

'빈민가에서 대통령으로' 같은 이야기는 겉으로만 보면 사
람들에게 감동을 주지만 이런 일은 사실 기적도, 경탄할 만한
이야기도 아니다. 빈민가에서 태어났다고 해도 엄마가 엄마

다운 품성을 갖추었다면 그의 삶은 고통스럽지 않았을 테니 말이다.

궁전에서 태어났으나 엄마다운 자격을 갖추지 못한 여성의 자식으로 성장하는 것보다 보통 집안에서 엄마 자격을 갖춘 여성의 자식으로 태어나는 편이 아이에게는 훨씬 행복한 일이다. 이는 너무나 차이가 커서 비교할 수 없다.

궁전에서 태어났지만, 갈등과 반목으로 얼룩진 환경에서 정서적으로 착취와 학대를 당한 아이의 마음에 새겨진 상처는 누구의 손으로도 보듬어 줄 수 없는 일이기 때문이다.

간혹 세계적으로 명성이 높은 인물 중에 어린 시절 부모의 학대를 받으며 성장했다고 밝히는 사람들이 있다. 그럼에도 그들은 나름의 자존감을 지키며 열심히 자기 직분에 맞는 최선의 삶을 살아가고 있다.

눈에 보이지 않는 노력을 인정하지 않는 사람들

세상은 천국에서 태어난 사람과 지옥에서 태어난 사람 둘로 나뉜다. 그런데 우리는 천국에서 태어난 사람은 부러워하면서 지옥에서 태어났지만 열심히 노력하며 사는 사람은 인정하지 않는다.

그렇기에 지옥에서 태어났지만 열심히 노력하며 살아가는 사람은 주위로부터 많은 관심과 이해를 필요로 한다. 세상은 지옥 출신이라는 이유로 외면해 버린다. 한 번 인정해 주면 그의 가슴에 차곡차곡 쌓인 앙금이 훌훌 사라질 수 있는데도 그러기를 외면하는 것이다.

엄마 자격을 갖춘 여성의 자식이 어른이 되어 노력하며 사는 것은 당연한 일이다. 자기 삶에 열정적인 것도 자연스러운 일이다. 그런데도 사람들은 이런 당연한 일을 입을 모아 칭찬한다.

반면에 사랑받지 못하고 자란 사람은 헤엄치는 법을 부모에게서 배우지 못한 채 바다에 던져진 것과 같다. 그렇기에 세상의 파도를 헤쳐나가는 데 미숙해서 자꾸 실수를 저지른다. 필사적으로 손과 발을 움직여도 사람들은 '너는 왜 그렇게 헤엄을 못 치니?' 하면서 그의 노력을 인정하지 않는다. 반대로 어릴 때부터 수영을 배운 사람이 헤엄치는 것은 대단하다며 인정한다.

어떤 의미에서 사랑받지 못하고 자란 사람은 빚을 짊어지고 태어난 것과 같다고 할 수 있다. 어려서부터 필사적으로 일해서 빚을 갚아왔지만, 다 갚지 못하거나 다 갚더라도 작은 집 하나를 살 형편이 안 된다.

그러면 다른 사람들은 필사적으로 빚을 갚고 있는 그의 행동을 보고 고생이 많다며 인정해 주지 않고 '너는 왜 집도 못 사니?' 하며 멸시한다.

부모가 집을 사준 사람은 나중에 돈을 벌어 증축을 한다. 그러면 사람들은 대단하다며 칭찬을 아끼지 않는다. 사람들은 필사적인 노력은 인정하지 않지만 겉으로 보이는 가치도 없는 노력을 인정한다.

이 차이는 너무도 커서 아무리 노력해도 그 간극을 메울 수가 없다. 그러다가 그들은 서로 다른 세계를 살며 점점 멀어진다. 이것이 우리가 사는 세상의 풍경이다. 사랑받으며 자란 아이와 착취당하며 자란 아이는 이렇게 차이가 있는 것이다.

정서가 아픔의 지각을
좌우한다

사람들은 똑같은 상처가 나면 동일하게 아픔을 느낀다고 생각한다. 그래서 아이에게 똑같은 주사를 놓으면 동일한 아픔을 느낄 거라고 생각한다. 그러나 그것은 아주 다르다. 엄마다운 자격을 갖춘 사람의 아이와 자격을 갖추지 못한 사람의 아이에게는 같은 주사라도 아픔이 전혀 다르기 때문이다.

《아픔의 심리학痛みの心理學》이라는 책에는 '하버드대학병원의 마취과 의사가 제2차 세계대전 중에 관측한 기록'이라는 보고서가 실려 있다. 그는 부상을 당해서 전선을 떠나게 된 병사 150명을 대상으로 아픔의 정도와 진통제 주사의 필요 여부를 물었다.

그러자 응답자의 대부분이 꽤 큰 부상을 당했음에도 진통제 주사가 필요하다고 응답한 사람은 20%뿐이었다고 한다. 그런데 전쟁이 끝난 후 비슷한 외상으로 병원에 입원한 남성 환자 150명을 대상으로 같은 질문을 했더니 진통제 주사가 필요하다고 응답한 사람은 약 55%였다고 한다.

왜 이런 결과가 나왔을까? 부상으로 전선을 떠난 병사의 경우 전쟁터를 떠난다는 안전감과 해방감이 작용했던 것이다. 죽음을 피해 병원에 안전하게 옮겨졌다는 기쁨과 살아 있다는 실감 등 이런 긍정적인 감정들로부터 엔도르핀이 나온 것이라고 볼 수 있다.

인지나 정서는 아픔의 지각을 크게 좌우한다고 한다. 흔히 집에서는 몹시 아프던 사람이 병원에 가면 통증을 잊어버린다는 말이 있다. 병원에 가면 안심이 되기 때문에 거짓말처럼 통증이 소멸되는 것이다.

불안한 아이는 예방접종 때 주삿바늘만 봐도 무서워한다. 이를 본 엄마가 겁쟁이라고 타박하는 경우가 있다. '너는 왜 이렇게 용기가 없니?', '너는 왜 그렇게 겁이 많은 거니?' 하면서 윽박지른다.

그러면 가뜩이나 마음이 불안한 아이는 살갗을 파고 들어오는 주삿바늘에 더 큰 아픔을 느끼며 지우기 힘든 스트레스를 받게 된다. 이런 아이는 어른이 되어서도 주삿바늘에 영향을 받는 트라우마를 안고 살아가게 된다.

의학계에는 진통제가 아닌 약을 진통제라고 말하면서 먹이면 실제로 진통 효과가 나타난다는 통설이 있다. 이를 '플라세보 효과placebo effect'라고 한다.

플라세보 효과는 통증이 너무 심해서 거푸 진통제를 투여해야 하는 경우, 진통 억제 효과가 전혀 없는 다른 약물을 진통제인 것처럼 주사하는 것을 말한다. 그러면 환자는 심리적 안정을 찾아 통증을 느끼지 못할 때가 많다고 한다. 이는 진통제가 아닌 것을 진통제라고 믿음으로써 안심을 하게 되면 거기서 엔도르핀이 나온다는 말이 된다.

진통 효과의 플라세보 반응군과 무반응군으로 나눠 실험을 했다. 반응군과 무반응군에게 공통적으로 심한 통증에 사용되는 진통제의 효과를 방해하는 길항제를 투여하겠다고 말하자 무반응군에서는 어떠한 지각의 변화도 없었지만 반응군에서는 통각이 증대되었다고 한다.

엄마 역할은 아이의 불안감을 해소시키는 것

아이가 밖에서 놀다가 무릎이 까져서 울면서 돌아왔다. 이때 엄마는 아이를 놔둔 채 약국으로 달려가 소독약과 붕대를 사온다. 그리고 상처를 처치하고는 '이제 아프지 않을 거야!'라고 말해준다.

　아이는 엄마에게 안겨서 위로를 받고 싶었는데 엄마는 이
것을 알지 못했던 것이다. 심리학자들은 아이에게 이런 경험
이 반복되면 아픔이 내면에 쌓이고 쌓여 일반화된다고 한다.

　이런 경험의 핵심은 아픔이 아니라 엄마와 떨어져서 혼자
가 되어 버린 사실에서 오는 외로움이다. 엄마에게 안기고 싶
었던 아이는 자기를 혼자 놔두고 약국으로 달려가는 엄마를
보며 버려졌다는 느낌을 갖게 된다는 것이다.

　아이는 엄마에게 '놀랐지? 괜찮아. 이제 약을 발라줄게'라
는 말을 듣고 싶었던 것이다. 그런 엄마의 위로와 따뜻한 포
옹이야말로 아이가 생각하는 최고의 명약이기 때문이다.

　아이는 의사보다 엄마가 훨씬 잘 낫게 해준다고 믿는다.
아이는 상처가 난 무릎을 보고 공포감과 불안감을 느꼈지만,
엄마가 안아줌으로써 그런 감정들이 사라지고 치료가 되는
것이다.

　엄마의 역할은 아이의 가슴에 엄습한 불안감을 해소시키는
것인데, 아이를 내버려 두고 약국으로 달려가는 엄마는 자신
의 본래 역할을 잊어버리고 있다고 해도 과언은 아닐 것이다.

안심하며 살고 있는 아이와 불안에 떨며 사는 아이는 같은 주사를 맞아도 그로 인해 느끼는 통증이 전혀 다르다. 엄마 자격을 갖춘 여성의 아이는 매일 안심하며 살아가지만, 그런 환경이 아닌 아이는 매일 불안을 느끼면서 살아갈 수밖에 없다.

지극히 단순한 사례가 되겠지만 엄마 자격을 갖춘 사람의 아이와 그렇지 못한 사람의 아이는 일상생활에 대한 지각이 전혀 다르고, 이것이 아이들의 성장에 끼치는 영향은 막대하다.

자신의 운명을 눈물과 함께 받아들여라

차이는 이런 환경만이 아니다. EQ의 창시자인 심리학자 다니엘 골먼Daniel Goleman은 저서 《EQ 감성지능Emotional Intelligence》에서 겁이 많은 아이의 뇌에는 '노르에피네프린norepinephrine'이 활발하게 움직이고 있다고 말했다.

노르에피네프린은 부신 수질부신의 중앙부를 형성하는 조직에서 아드레날린과 함께 분비되는 신경전달물질인데, 겁이 많은 아이의 뇌에서 유독 활동성이 강해진다는 것은 아이에게 불안과 두려움을 불러일으킨다는 이야기가 된다.

그렇다는 것은 불운한 아이에게는 엄마 자격을 가진 여성의 아이가 아니라는 불공평 외에 유전적인 불공평도 존재함을 알 수 있다. 이로 인해 아이는 평생을 남들이 알지 못하는 고통에 시달리게 된다.

내가 젊은 시절에 니체를 읽을 때 가장 가슴에 와닿는 말은 '운명을 사랑하라Amore Fati, 아모르 파티'라는 한 마디였다. 니체는 운명이란 견디는 것이 아니라 사랑하는 것이라고 말했다. 단순히 견디는 것만으로는 안 되고, 마음을 열고 사랑을 해야 운명이 내 편이 된다는 뜻일 것이다.

인간의 사랑이란 상대방을 진정으로 받아들이는 것이다. 운명에 대한 사랑도 마찬가지로 있는 그대로 받아들일 수 있어야 성장할 수 있는 것이다.

엄마가 아이에게 해야 할 일은 바로 이것이다. 자신의 운명을 사랑하는 마음, 주위 사람들을 받아들이는 태도, 남 탓을 하지 않고 자신의 삶은 온전히 자신의 등에 지고 나아가는 사람으로 키워야 한다.

눈물과 함께 운명을 받아들이는 것,

당신은 당신의 운명을 받아들이면서 성장한다.

제4장

모든 길은
행복으로 통한다

1
당신이 당신의
현실을 만든다

누구 탓도 아닌
자기 자신 탓

미국의 작가이자 경영컨설턴트인 말라네 밀러^{Marlane Miller}가 쓴 《브레인 스타일^{Brain Style}》이라는 책이 있다. 다음은 거기서 읽은 글이다.

"휴스턴의 뇌과학자 테리 브란트 박사는 신경생리학자를 비롯한 여러 전문가들과 문제를 해결하는 데 뇌가 어떻게 움직이는지를 연구했다. 그 결과를 알기 위해 고안한 방법은, 우리들이 생각을 할 때 뇌에서 나오는 신경물질의 측정법이었다. 결과는, 인간의 뇌에 나타나는 생각^{information}의 수는 1분에 1만여 개에 달한다는 사실이었다."

무슨 말인가 하면, 아주 짧은 시간에 머릿속으로 흐르는 수많은 생각들에서 걸러낸 몇 개의 생각이 결국 그때그때의 행동을 좌우한다는 뜻이다.

그렇다면 그때그때의 생각으로 인한 결과물은 그 사람 자체를 의미한다고 볼 수 있다. 그의 현실, 그의 미래는 모두 그때그때의 생각으로 만들어진다고도 할 수 있다. 그래서 오스트리아의 정신의학자 알프레드 아들러Alfred Adler는 이런 말을 남겼다.

"당신이 당신의 현실을 만든다."

당신이 현재 처해 있는 현실은 다른 누구도 아닌 당신 스스로가 만들어 낸 것이라는 뜻이다. 1분에 1만여 개에 달하는 생각의 조각들에서 추출해 낸 아이디어를 바탕으로 행동에 옮기고, 그것을 통해 당신의 현실을 만들어 낸다.

대개 사람들은 자신의 현실에 불만을 갖고 남 탓, 환경 탓을 한다. 그러나 세상 그 누구도 당신을 지금의 자리에 밀어넣은 사람은 없다. 이 말은 인간이 타인의 태도나 환경으로부터 어떤 영향을 받느냐 하는 문제는 오로지 본인에 따라서 다르다는 의미다.

똑같은 경험을 해도 어떤 사람은 상처받고, 다른 사람은 도약의 발판으로 삼는다. 문제는 경험이나 환경이 아니라 그 사람의 마음에 달려 있다.

사람이 어떤 경험을 하더라도 거기서 즐거움을 느끼느냐, 아니면 괴로움을 느끼느냐 하는 문제는 사람에 따라 전혀 다르다. 눈앞의 돌멩이를 어떤 사람은 걸림돌로 생각하지만, 어떤 사람은 디딤돌로 생각한다는 말 그대로이다.

어려서부터 충분히 사랑받지 못하고 자란 사람이 있다. 그런데 꽉 막힌 성격에 구두쇠이기도 한 그가 100만 원을 잃어버렸다고 치자. 여기에 사랑받고 심리적으로 성장한 사람도 똑같이 100만 원을 잃어버렸다고 치자.

두 사람은 같은 월급을 받고 같은 액수의 은행 예금을 가지고 있다고 해도 100만 원이 없어진 것에 대한 괴로움은 전혀 달라서 한탄하는 자세도 다르게 된다.

꽉 막힌 성격의 구두쇠는 너무나도 억울해서 밤잠을 이루지 못한다. 겨우 잠들어도 한밤중에 다시 눈을 뜨고 돈을 잃어버린 사실을 한탄하고 또 한탄한다. 그는 일주일쯤 지난 후에도 계속해서 한탄하며 다른 일들을 생각할 여유가 없다.

　나를 잃지 않고 오늘을 사는 법

반면에 기질적으로 긍정적이고 어려서부터 사랑받는 환경에서 자란 사람은 '다시 벌면 되지' 하며 훌훌 털어버린다. 그는 마음속으로 이렇게 말을 한다.

"지금부터 주의하라는 뜻이겠지. 그 덕분에 이제부터 꼼꼼히 챙기게 되어 다시 돈을 잃어버리는 일은 생기지 않을 거야. 그러니 다행이지."

누구라도 '다시 벌면 되지' 하면서 훌훌 털어버리고 싶지만, 사람은 저마다 다르게 태어나서 다른 환경에서 성장하기 때문에 타인과 같은 경험을 했다고 해서 같은 마음이 될 수 있는 것은 결코 아니다.

무엇을 경험하더라도 그것은 그 사람 고유의 경험이라는 뜻이다. 그리고 그 고유의 경험을 받아들이는 것은 자신의 운명을 받아들이는 것이다.

자기 자신을 부정하면 삶에 지친다

안데르센 동화에 나오는 인어공주가 어느 날 자기도 온전한 인간이 되고 싶다고 생각했다. 꼬리 부분을 없애고 두 다리로 땅을 딛고 일어서는 보통의 인간 말이다. 하지만 그렇게 소망한 결과는 불행뿐이었다.

인어공주는 꼬리에 대한 열등감을 가지고 있었지만, 꼬리가 있었기에 인어로서 존재할 수 있었다. 달리 말해서 꼬리가 없는 인어공주는 인어공주가 아니라는 뜻이다.

당신이 만약 지금의 자기 자신에 만족하지 못하고 다른 사람이 되고 싶어 한다면, 다음과 같은 말을 명심해야 한다.

"황새의 다리는 길지만 뱁새의 다리는 짧다. 황새의 다리를 짧게 할 수 없고, 뱁새 다리를 길게 할 수도 없다. 왜 끙끙거리며 고민하는가?"

이를 이솝 우화 식으로 설명하자면 다음과 같다. 모두에게 인정받고 싶어 하는 고릴라가 있었다. 그러나 고릴라는 모두에게 '털복숭이', '너를 보고 있으면 무섭다'는 말을 듣곤 했다.

한편 토끼는 모두에게 '귀엽다', '얌전하다'는 말을 듣는다. 그런 토끼를 보면서 고릴라는 자기도 귀엽다는 말을 들으면 얼마나 좋을까 생각했다.

그래서 고릴라는 아주 오랜 기간 자신에게는 없는 것을 흉내 내면서 노력한 결과 점점 삶에 지쳐갔다. 자신이 아닌 가짜의 모습으로 살아간다는 것은 너무 힘들고 역겨운 일이기

나를 잃지 않고 오늘을 사는 법

때문이다.

고릴라는 원래 모습 그대로 '털복숭이', '너를 보고 있으면 무섭다'는 말을 들어도 된다. 처음부터 고릴라이기 때문이다. 그 말을 헐뜯는 것처럼 듣는 고릴라 자신에게 문제가 있다는 얘기다.

이것은 자기 자신에 대해 믿음이 없는 사람들이 자주 일으키는 실수다. 고릴라가 토끼처럼 귀엽다는 말을 듣기 위해 노력하면 할수록 이루어질 수 없는 꿈에 무기력해질 것이다. 자기 자신을 부정하는 노력을 오랜 기간 계속하면 삶에 지치는 것은 당연한 일이다.

고릴라가 고릴라로 인정받을 수 있도록 노력했더라면 삶에 지치는 일은 없었을 것이다. 우리 주위를 살펴보면 자기답게 살지 않고 남의 인생을 따라 하는 사람들이 너무 많다. 당신도 혹시 그런 사람은 아닌지 돌아보기 바란다.

다른 사람들과 어떻게 다른지가 당신의 운명이다

당신은 사업에 실패했을 수도 있고, 1지망이었던 대학에 떨어졌을 수도 있다. '만약 그 일에 성공했더라면 다른 사람들에게 이런 취급을 당하지 않을 텐데'라거나 '만약 그 대학에 붙었더라면 그 회사에 붙었을 텐데' 하고 후회하고 있을지도 모른다.

그러나 당신은 사업에 실패했기 때문에 그야말로 당신이고, 그 대학에 떨어졌기 때문에 당신이다. 만약 그런 일들을 후회하고 있다면 당신의 지문이 못생겼다고 억울해하는 것과 같다. 사람마다 지문이 다르듯이 인생은 세상의 모든 사람들과 다르고, 무엇이 어떻게 다른 지가 당신의 운명이다.

대학에 불합격했더라도 여러 형태의 불합격이 있고, 마찬가지로 여러 형태의 합격이 있다. 어떤 사람은 너무 게을러서 공부가 부족한 탓에 떨어졌을 수도 있고, 어떤 사람은 때마침 불운하게도 감기에 걸려서 떨어졌을 수도 있다.

또 어떤 사람은 부모의 기대가 너무 큰 나머지 부담을 느껴 실력 발휘를 못해서 떨어졌을 수 있다. 부담감이 크면 실력 발휘를 할 수 없는 것은 당연하다.

혹시 당신이 고등학교 시절에 조금 더 공부했더라면 일류대학에 들어갔을 텐데 하고 후회할 때가 있을지 모르겠다. 그러나 당신이 어떤 이유로 불합격을 했든 나름의 이유가 있을 것이다. 그 배경에 당신이 있고, 그것이 당신의 운명이다.

당신이 불합격했다는 사실과 다른 사람이 불합격했다는 사실은 전혀 다른 문제다. 당신의 불합격은 당신 고유의 불합격이라는 결과이다.

실패야말로 당신의 존재 증명이다

그것은 사업의 성공이나 실패도 마찬가지다. 실패했기에 당신임을 확실히 이해해야 한다. 앞에서 인어공주는 꼬리가 있기에 인어공주라고 말한 것과 같다.

'그 실패만 없었더라면……' 하는 생각은 '내가 나 자신이 아니었더라면……'이라는 생각과 똑같다. 자기 자신을 부정하며 있지도 않은 존재를 바라는 것은 아무 소용없는 일이라는 뜻이다.

토끼처럼 귀엽다는 말을 듣는 고릴라는 고릴라가 아니듯이 지금의 당신이 아닌 전혀 다른 모습으로 다시 태어나기를 기대한다면 당신의 현재 삶은 존재하지 않게 된다.

그렇듯이 당신의 실패는 당신만의 고유한 실패이고, 당신의 성공은 당신만의 고유한 성공이다. 타인의 실패나 성공이 아니라 오로지 당신의 삶에 속하는 일이라는 것이다.

그러한 고유의 실패나 성공의 축적 뒤에 당신만의 고유한 인생이 있다. 그렇기에 자신과 타인과는 비교할 수 없는 인생인 것이다.

만약 당신이 다른 사람과 똑같은 자질로 태어나 똑같은 환경에서 자랐다면 인생을 비교할 수 있을지 모른다. 그러나 사람들은 다른 자질을 가지고 태어나 다른 환경에서 자라기에 같은 성공이라도 누구의 성공이냐에 따라서 그 가치가 다를 수밖에 없다.

신경증적 경향이 강한 사람은 무엇이든 이기는 것이 좋다고 생각한다. 그러나 모든 승부에서 이기는 것만이 능사가 아니다. 인생에 따라 이기는 것이 좋은 일도 있지만 지는 것이 좋은 때도 있다.

신경증적 경향이 강한 사람은 언제나 '그때 내가 이겼더라면……' 하고 생각한다. 그러나 행복한 사람은 만약 졌더라도 그때 졌다는 사실을 후회하지 않는다.

성공이 당신의 것이듯 실패 또한 당신의 것이라고 받아들일 수 있어야 당신만의 인생을 알차게 가꿔나갈 수 있다. 실패야말로 당신의 존재 증명이라는 생각으로 살아가는 당신이 되기를 바란다.

불행한 사람은 모든 일에서

'반드시 이래야만 한다'는 마음으로
출발하기 때문에 삶이 더 괴로워진다.

2

네게서 나간 것이
네게로 돌아온다

| **사물에 대한 해석은
저마다 다르다**

이솝 우화에 '낙타와 제우스'라는 이야기가 있다. 소가 자신의 뿔을 자랑하는 모습을 본 낙타가 자기에게도 저렇게 뿔이 달려 있으면 좋겠다고 생각한다. 그래서 낙타는 제우스를 찾아가 뿔을 달라고 부탁한다.

제우스는 낙타가 몸도 크고 힘도 센데 만족하지 않고 쓸데없는 것까지 욕심을 부리는 것에 화가 나서 뿔을 내주기는커녕 귀를 작게 해버렸다.

낙타에게 뿔이 있으면 낙타는 낙타가 아니게 된다. 그런데도 소가 자신의 뿔을 자랑하자 뿔을 갖고 싶어 한 것이다. 이이야기가 주는 교훈은 사람들이 무엇인가를 자랑하는 걸 보고 부럽다는 생각이 들 때야말로 자신을 잃어버릴 위험에 처하게 된다는 사실이다.

당신은 지금 무엇인가를 원하고 있을지도 모른다. 그러나 잘 생각해야 한다. 누군가의 자랑을 듣고 그 말에 혹해서 원하게 된 것은 아닌지 생각해 보라는 것이다. 만약 그렇다면 당신은 원하는 것을 얻는 순간 당신이 아니게 되고 만다.

당신은 자신의 모습에서 뭔가 볼품없는 것이 있다고 생각했을지도 모른다. 사실 사람은 마음속으로 이러한 소망 하나쯤은 누구나 가지고 있다. 그러나 볼품없다는 그 부분이 있기에 그야말로 당신 자신이 될 수 있는 것이다.

예를 들어 당신이 취직 시험에 불합격했다고 치자. 주위 사람들이 이 문제로 수군거린다고 해도 당신은 그런 경험을 가졌기에 당신 자신이다. 그렇지 않다면 지금의 당신이 아니게 된다.

내가 좋아하는 동양고전의 하나인 《맹자孟子》에 '줄이반이

出爾反爾'라는 말이 나온다. 고대 중국 초나라의 왕이 노나라와 전쟁을 벌였는데, 장수와 고급 관리들이 수십 명이나 죽었는데도 백성들은 죽은 사람은 고사하고 부상당한 사람조차 하나도 없었다.

백성들이 싸울 생각을 하지 않고 도망치거나 가만히 바라보기만 했기 때문이다. 이에 초나라 왕이 맹자에게 물었다.

"수수방관한 백성들을 처벌하자니 너무 많고, 그냥 두자니 용서할 수 없으니 어찌하면 좋습니까?"

이에 맹자가 대답했다.

"지난번 흉년이 들었을 때 노약자들이 수없이 굶어죽고 젊은이들은 살 길을 찾아 사방으로 흩어졌습니다. 그때 대궐의 창고에는 곡식과 재물이 가득했음에도 백성을 구할 대책을 세우지 않고 수수방관했습니다. '네게서 나간 것은 네게로 돌아온다出乎爾者 反乎爾者'는 말이 있듯이, 백성들은 이제야 당한 것을 앙갚음했을 뿐입니다."

세상의 모든 결과는 원인이 있다는 가르침이다. 인과응보의 가르침을 여러분도 잊지 말기 바란다.

이솝 우화 이야기를 하나 더 해보자. 목이 마른 사슴이 물을 마시면서 물 위에 비친 자신의 크고 멋진 뿔을 보고 자랑스러워했지만 가늘고 약한 다리는 무척 아쉬워했다.

그런데 갑자기 사자가 나타나는 바람에 사슴은 황급히 도망치기 시작했다. 얼마나 달렸을까? 겨우 따돌렸다고 생각하며 숲으로 들어가다가 그만 뿔이 나무에 걸리고 말았다. 결국 쫓기던 사슴은 사자에게 잡아먹히고 말았다.

자신이 볼품없다고 여긴 다리는 도움을 줬고, 자랑이라고 여겼던 뿔 때문에 잡아먹혔다. 사슴은 다리가 가늘고 약해 보이기에 사슴인 것을 스스로 깨닫지 못했던 것이다.

어느 노인이 죽기 전 일기에 '만약 젊은 시절 이혼을 했더라면 내 인생이 이렇게 비참하지는 않았을 것'이라고 썼다고 한다. 오랜 세월 아내와의 불화로 인해 가슴앓이를 심하게 했던 것이 후회스러웠기 때문이다.

그러나 그렇게 자기의 지난 삶을 후회한다는 것은 자신의 인생 전체에 대한 부정이 되는 것이기에 그의 불행은 바로 여기에 있다고 할 수 있다. 자기 자신을 인정할 수 없었던 그의 삶은 그렇게 항상 불행의 씨앗을 품고 있었던 것이다.

나는 고등학창 시절부터 이비인후과 분야의 병으로 힘들

었다. 고등학교 1학년 때 비중격만곡증이라는 진단을 받고 수술을 했는데, 이 병은 간단히 말하자면 코의 뼈가 조금 휘어져 있는 것으로 그것을 똑바로 세우는 수술이었다.

이 때문에 나는 어려서부터 코막힘과 수면장애, 그리고 축농증으로 공부에 집중할 수가 없었다. 이 병은 정상적인 호흡이 안 되는 질환이다. 이 상태로 공부하는 것이 얼마나 힘든지는 이 병에 걸려본 사람만이 알 것이다.

그래서 입시 후에 제일 먼저 수술을 했는데, 그랬음에도 비중격만곡증이 완전히 치료되지 않아서 그 영향이 계속되었던 것 같다. 그래서 어른이 되어서도 이 병 때문에 계속 힘들었다. 이 병만 없었더라면 일의 능률이 훨씬 올랐을 텐데 하며 얼마나 원망했는지 모른다.

그런데 어느 순간 반대의 생각이 머릿속에 떠올랐다. 만약이 병이 없었더라면, 나는 한 사람의 교수로서 가르치는 능력에 지장이 생겼을지도 모른다고 말이다.

나는 이 병이 있었기에 신체적인 괴로움을 알았다. 그렇기에 인간의 신체적인 약점을 따뜻한 눈으로 품을 수 있는 마음을 가질 수 있게 되었다.

발표 수업에서 충분하게 준비하지 못한 학생의 입장에 귀를 기울일 수 있게 된 것도 공부란 원래 자신이 의도한 대로 흘러가지 않는다는 사실을 체험을 통해 알았기 때문이다. 결국 비중격만곡증은 내게 있어서 사슴의 다리였던 셈이다.

앞서 이상적인 자기 자신과 현실적인 자기 자신의 괴리감에 대해 설명한 내용 중에 수면시간이 길었던 에드윈이 수면시간이 짧은 에디슨을 이상적인 모델로 삼았다는 이야기를 했다.

에드윈은 수면시간이 긴 상태에서 자기만의 인생을 개척해 나가야 했다. 그러지 않고 잠꾸러기가 불면의 밤을 지새우며 발명에 몰두하는 에디슨을 부러워하고 '내가 만일 에디슨이었다면……'이라고 생각하는 것은 자기부정이다.

많은 사람들이 내가 아닌 전혀 다른 나를 상상한다. '내가 재벌의 아들이었더라면……', '내가 복권에 당첨되었더라면……' 하고 자기에게 없는 것을 바라는 경우가 있다.

그러나 이 모든 꿈은 한낱 허망한 자기부정일 뿐이다. 자기가 아닌 것을 바라는 마음은 '네게서 나간 것은 네게로 돌아온다'는 만고의 진리에 어긋나는 것이기에 결코 이루어질 수 없다는 사실을 잊지 말기 바란다.

누구나 살면서 스스로 볼품없다고
생각한 적이 있다.

하지만 그 볼품없는 모습이
있기에 당신이 당신 자신일 수 있는 것이다.

3
과거를 긍정적으로
돌아보자

지금의 자신이 아니라면
살아갈 수 없다

당신은 젊은 시절에 값나가는 명품을 입고 그것을 개성이라며 맘껏 자랑하고 다녔을지 모른다. 명품을 입었던 것이 허영심 때문인지, 아니면 그냥 좋아서였는지 알 수 없지만 명품을 몸에 두르는 동기는 제각각 다르다. 그 동기가 개성이라는 얘기를 하려 한다.

당신의 허영심이 강한 데에는 이유가 있었을 것이다. 외로웠기 때문에 남들의 시선을 한 몸에 받기 위해 명품을 입었을 수도 있고, 그냥 남들이 하니까 따라 하는 것이었을지도

나를 잃지 않고 오늘을 사는 법

모른다.

그러다 어느 순간 허영과 사치의 삶이 허망하며 오히려 자신을 갉아먹는 악습이라는 사실을 깨닫게 되었을 것이다. '아, 이건 아니구나', '이렇게 살면 안 되겠구나' 하는 깨달음 말이다. 그 깨달음을 통해 당신은 그때까지와는 전혀 다른 삶의 길을 걷게 되었다. 이제 당신도 이런 선택이 필요한 오늘이다.

이를 심리학적으로 해석해 보자면, 허영심이 강한 당신은 '너는 너답게 살아서는 안 된다'는 파괴적 메시지를 받으면서 성장했을지 모른다. 거북이를 향해 '너는 거북이다워서는 안 돼. 토끼로 살아야지' 같은 말도 안 되는 메시지인 것이다. 그래서 거북이인 당신은 언젠가부터 '나는 토끼답게 살아야 한다'는 착각에 빠져버린 것이다. 이런 생각에 최선을 다했지만 주위 사람들은 만족하지 못했고 거센 불만에 직면하다 보니 점점 노이로제에 걸리게 되고, 인생은 점점 암흑이 되어버렸던 것이다.

이런 사람은 우선 자신이 그런 운명에 빠졌음을 인정해야한다. 거기서부터 새로운 인생이 시작되기 때문이다. 현실의 자기 자신으로부터 출발해야 자기만의 고유한 존재감을 깨닫게 된다.

이렇게 허영심이 강한 사람이 자신의 몸을 둘러싸고 있던 장막 같은 휘장을 벗어버린다면 그의 삶은 엄청나게 큰 장벽을 건너뛴 셈이 된다.

나의 운명은 누가 만드나?

본래의 자기 자신을 잃어버리고 살아온 당신은 오늘에 와서는 왠지 불안하고 초조할지 모른다. 그리고 이런 성격을 고치고 싶다고 생각할지도 모른다.

그러나 불안하고 초조하기에 당신 자신이라는 사실을 잊어서는 안 된다. 당신은 자신만의 소질을 가지고 주어진 환경 속에서 태어났다. 지금에 이르게 한 환경도, 태생적인 소질도, 전부 당신 자신의 것이고 그것이 바로 당신의 운명이다.

당신에게 입만 열면 '만약 그렇지 않았더라면, 이렇게 되었을 텐데……'라고 말하는 습관이 있다고 치자. '만약 그때 그런 일이 없었더라면, 만약 그 사람을 만나지 않았더라면, 만약 그 회사에 합격했더라면……'이라고 말하기도 한다고 해보자.

결론적으로 말해서 이러한 생각은 틀렸다. '내가 그런 환경에서 자라지 않았더라면……'이라고 생각하는 것은 '내가 현재의 내가 아니라면……'이라고 생각하는 것과 마찬가지이기 때문이다. 나에게 나 아닌 다른 사람은 없다.

그러니 자신의 성격에 괴로움을 느낄 때는 '이것이 나다', '그렇기에 바로 나다'라고 받아들여야 한다. 나의 운명은 남들이 만들어 주는 것이 아니라 내가 만드는 것이다.

그러니 자기에게 주어진 운명과 마주하면서 부모 탓, 친구 탓, 환경 탓을 하면 안 된다. 그렇게 남 탓만 하면 해결책은 고사하고 운명의 틀을 벗어날 작은 실마리 하나도 손에 넣을 수 없기 때문이다.

게을러서 노력하지 않는 사람이 있다면, 반항심으로 노력하지 않는 사람도 있다. 부모가 속상하도록 노력하지 않는 사람도 있고, 믿었던 사람에게 배신당해서, 믿음이 사라지는 바람에 노력하려는 에너지가 소멸되어 노력하지 않는 사람도 있다. 그런가 하면 오랜 기간 열심히 노력해서 살다가 이제 기력을 다해서 노력하지 않는 사람도 있다.

겉으로 보면 모두 마찬가지로 노력하지 않는 인생으로 보이지만, 그 인생의 이면에 그 사람이 존재한다. 그리고 스스로 고유한 인생임을 깨닫고, 사람들과 자기 자신의 차이를 확실하게 확인했을 때 자아가 확립되어 갈 수 있다.

'자아경계'라는 말이 있다. 나와 다른 사람 사이에 존재하는 심리적인 경계를 뜻하는 이 말은, 사람과 사람 사이에 적정한 경계를 유지할 때 개인의 심리와 대인관계가 건강할 수 있다는 이론이다.

자아경계가 선명하다는 것은 자신은 A와도 다르고 B와도 다르며 C와도 다르다고 느끼는 것을 말한다. 반면에 자아가 확립되지 않았다는 것은 A가 가지고 있는 것도 원하고, B가 가지고 있는 것도 원하며, C가 가지고 있는 것도 원하는 삶을 말한다. 문제는 자기의 본래의 것들이 왜 자기에게 있는지 모르고 사자처럼 강해지길 원하는 토끼처럼 빠르게 달리는 거북이를 원하는 것이다.

당신에게는
당신 자신이 제일 알맞다

다시 이솝 우화 이야기를 하겠다. 여우가 자신의 몸도 뱀처럼 길면 좋겠다고 생각해서 뱀에게로 가서 열심히 곁눈질을 해가며 몸을 늘렸다. 그러다가 몸이 부욱 하고 찢어지고 말았다. 여우는 그렇게 죽을 만큼 노력했지만, 몸이 찢어지는 바람에 그나마도 본래의 여우처럼 살아갈 수 없는 나날을 보내게 되었다.

당신도 몸이 부욱 하고 찢어진 여우처럼 노력하고 있는가? 여우는 뱀처럼 길어질 수 없기에 여우인 것이다. 당신이 당신만의 키를 가지고 있는 것처럼 말이다.

양동이에 가득 담긴 물을 다 마실 수 없다고 '이렇게 위가 작아서야……' 하고 불평하는 사람이 있을까? 물을 다 마실 수 없기에 당신인 것이다. 무엇이든지 잘하는 것만이 능사가 아니다.

당신이 당신이기에 거기에 맞게 살고 있는 것이다. 내 친구의 능력이 아무리 부러워도 당신이 그 친구가 될 수는 없다. 그 친구가 부러워할지 모르는 당신만의 능력을 발판 삼아 살아가도록 하자. 당신이 다른 사람의 인생을 살 수 없듯이,

당신의 인생은 당신 자신만의 것임을 가슴에 새기기 바란다.

할 수 없었던 데에는
이유가 있다

당신이 지금 외국에 있다면 '젊은 시절에 조금 더 영어를 공부했으면 좋았을 텐데……' 하고 생각할 수도 있다. '그러면 이렇게 고생하는 일은 없었을 텐데……' 하고 후회하고 있을 수도 있다.

그러나 학창 시절에 영어를 열심히 공부했더라면, 지금의 당신은 당신이 아니게 된다. 그리고 학창 시절에 영어를 공부하지 못한 데에는 분명히 이유가 있을 것이다. 게을러서 영어를 공부하지 않았던 사람도 있고, 지나치게 노력하다가 몸에 무리가 생겨서 더 이상 공부하지 못했을 수도 있다.

공부보다는 스포츠가 몸에 잘 맞아서 학창 시절에 영어 공부를 하지 않았던 사람이 있을지 모른다. 영어 공부보다 미술이 흥미가 있어서 열심히 그림을 그린 사람도 있을 것이다.

당신이 젊은 시절 영어 공부를 하지 않았던 것은 '하지 않았다'는 배후에 당신 자신이 있었기 때문이다. 당신이 당신 자신이었기 때문에 영어 공부를 하지 않았고, 그래서 지금 당신은 영어를 잘할 수 없는 것이다.

그러나 당신은 영어를 할 수 없기에 당신 자신이다. 영어를 잘할 수 있다면 당신은 당신이 아니게 되고 만다. 인어공주에게 꼬리가 있기에 인어공주인 것과 같은 의미다.

당신은 혹시라도 영어를 할 수 있는 동료를 부러워할 수 있다. 또는 만약 내가 더 영어를 할 수 있었더라면 그 사람처럼 회사에서 한 몫하며 출세할 수 있었을 것이라고 생각할지도 모른다. 하지만 그 부분을 그 사람들과 바꿔치기해서 살아갈 수 없기에 당신의 오늘이 있는 것이다.

결론은 당신의 오늘을 있게 만든 과거를 인정하고, 거기서부터 새로운 나를 만들어 나가야 한다는 것이다. 과거를 부정하지 말고 있는 그대로의 자신으로부터 미래를 만들어 나가는 것이 진짜 삶을 이루는 길임을 잊지 말자.

무엇이든지
잘할 수 있는 사람은 없다.

당신은 당신이기에 알맞게 살고 있는 것이다.

4

행복한 삶을 위해
필요한 것들

자기다움을
잃어버리다

사람의 외적인 부분만 보면 똑같은 모양이라도 마음의 세계
는 서로 완전히 다르고, 그 차이에서 자기만의 고유한 인생이
펼쳐진다. 그러니 당신은 지금까지 해온 일들 중에서 자기 자
신을 발견해야 한다. 자신의 과거를 긍정적으로 바라볼 수 있
을 때 진짜 자기 자신을 발견할 수 있기 때문이다.

우리는 마음만 먹고 실행하지 못하는 것을 나쁘다고 여기
곤 한다. 그러나 실행하지 못했다고 무조건 나쁜 것만은 아니
다. 모든 것을 완벽하게 해낼 수는 없다. 인생이란 미완의 일

들을 통해, 그러한 경험이 축적되어 성공으로 가는 것이기 때문이다.

이솝 우화에 이런 이야기가 나온다. 개구리가 물가에서 즐겁게 점프를 하고 있었다. 이를 본 가재가 부러워서 필사적으로 점프를 하려고 했다. 엄청나게 노력한 결과 점프를 성공시켰지만, 한 가지 도저히 할 수 없는 일이 있었다. 그것은 개구리처럼 육지에서는 점프할 수 없다는 점이었다.

그럼에도 불구하고 가재는 더 필사적으로 연습을 해서 점프를 성공시켰는데, 그러다가 그만 땅바닥의 갈라진 틈새로 떨어지고 말았다. 가재는 다시는 물속으로 돌아갈 수 없어서 결국 말라죽고 말았다.

가재는 물속에서만 살 뿐, 땅 위에서 뛰어오를 수 없기 때문에 가재이다. 개구리처럼 땅 위에서 뛰어오를 수 있다면 가재는 이미 가재가 아니게 된다. 그럴 수밖에 없는 운명임을 받아들여야 한다는 이야기이다.

가재는 개구리를 흉내 내다가 자기다움을 잃어버리고 말았다. 가재가 땅 위에서 뛰어오를 수 없다는 걸 깨달았다면, 다시 말해서 자신이 어떤 존재인지를 알고 있었더라면, 개구리처럼 되려는 생각은 아예 하지 않았을 것이다.

실패가 때로는
좋을 수도 있다

이솝 우화에는 '왕이 된 원숭이'라는 이야기가 있다. 원숭이
가 여러 짐승들 사이에서 춤을 잘 춰서 인기를 끌었는데, 바
로 그 때문에 동물들의 왕으로 선출되었다.

그런데 이것을 여우가 질투했다. 여우는 어느 날 길모퉁이
의 커다란 구멍 속에 고기가 놓여 있는 함정을 발견하고는
원숭이를 데리고 가서 이렇게 말했다.

"보물을 발견했는데 왕에게 바치려고 그냥 놔두었습니다."

원숭이는 앞뒤 생각 없이 구멍에 뛰어들었다가 함정에 빠
지고 말았고, 동물들의 비웃음을 사고 말았다. 원래 원숭이는
왕이 될 만한 동물이 아니었다. 원숭이는 사자가 아니다. 그
저 춤을 잘 추고 나무에 오르는 재주가 있을 뿐인 동물이다.

원숭이는 자신의 춤 솜씨에 모든 동물들이 박수를 치며 좋
아하자 우쭐해졌을 뿐이다. 원숭이가 남들 앞에 나서기를 좋
아하지 않았더라면 여우의 꾐에 빠져 함정에 빠지는 일은 없

었을 것이다.

인간 세상에도 이렇게 어디서든 우쭐대는 사람이 꽤 많다. 그들은 언제나 제멋대로 행동하면서 어디를 가나 자기가 최고인 양 행동한다. 그런 사람은 개구리를 흉내 낸 가재처럼, 여우의 꾐에 빠진 원숭이처럼, 큰 낭패를 볼 날이 반드시 오게 된다.

학자 중에는 어떤 일로 유명세를 탔다가 자신의 길을 벗어나는 사람이 아주 많다. 원래는 주목받는 일에 서툴렀던 사람인데 점점 사람들의 입에 오르내리자 자신의 영역을 차츰 벗어나기 시작했다.

자기 영역에서만 활동하던 사람인데, 주목을 받자 전혀 다른 사람이 되고 말았다. 너무 자주 일탈을 일삼는 사람은 차츰 자신이 이뤄놓은 경력에서 벗어나 전혀 생각지 못한 세계로 날아가다가 뚝 떨어지고 만다.

왜 자기가 아닌
타인의 모습을 연기하는가

'죽느냐 사느냐, 그것이 문제로다'라고 말한 햄릿의 대사를 빗대어 말하자면 '자신이 자기 자신으로 살아갈지, 자신이 아닌 남의 모습을 연기하며 살아갈지 그것이 문제다'라고 말할 수 있다.

만약 당신이 매일 알지 못할 괴로움에 시달리며 살아간다면, 당신이 원숭이인데 물고기로 살아가려고 하기 때문이라고 봐도 된다. 그렇다면 왜 사람은 자신 그대로가 아닌 모습을 연기하며 살아가는 것일까?

이유는 좀 복잡하지만, 첫째는 외롭기 때문이고 둘째는 가치관이 왜곡돼 있기 때문이다. 당신은 원숭이인데 물고기로 살아가는 것이 더 가치 있다고 생각하기에 물고기 흉내를 내면서 살아가려고 하는 것이다.

원숭이보다 물고기가 가치가 있다고 하는 것, 나무에 오르는 것보다 헤엄을 치는 것이 가치가 있다고 생각하는 것은 잘못된 가치관이 마음속에 도사리고 있기 때문이다. 그것은 실제 자기 자신에 대한 긍지와 자신감이 없어 자신과는 전혀 사람을 연기하는 것이기도 하다.

그러니 당신은 지금까지 살아온 인생의 이력을 다시 한 번 생각해 봐야 한다. 당신이 어떤 일을 하고 있었을 때 마음의

나를 잃지 않고 오늘을 사는 법

세계에서 무슨 일이 일어났었는지를 말이다. 당신은 자신의 이력을 외적인 부분만 보고 생각한다. 그렇기에 자신감을 잃어왔던 것이다.

그러나 당신의 인생에는 마음의 세계에 있는 이력도 존재한다. 행복하게 살아가기 위해서는 '마음의 역사'가 중요한데, 이를 무시하고 외견에만 매달리니 문제가 생기는 것이다. 그렇다는 것은 이제부터 내면을 들여다보고, 내면의 목소리에 귀를 기울이며, 거기서의 울림에 따라 살아가야 한다.

여기 엄마를 돕는 소년이 있다. 그런데 사실 소년은 그렇게 하고 싶지 않았다. 친구들처럼 밖에 나가 마음껏 뛰어놀고 싶었다. 하지만 소년에겐 친구가 없기에 자신의 감정은 억누르고 엄마만을 도왔다. 그렇게라도 해서 외로움을 달래려고 그러는 것이다.

반면에 엄마가 좋아서 집안일을 돕는 아이도 있다. 똑같이 엄마를 돕더라도 이 아이는 틈틈이 친구들과 놀면서도 엄마를 정성껏 도와주었다. 과연 누가 더 행복할까? 마음이 시키는 대로 행동하는 사람이 더 행복한 것은 너무도 당연한 일이다.

어느 정도 상처받을지는
자라온 역사에 따른다

이솝 우화에 '돼지와 양'이라는 이야기가 있다. 양을 키우던 양치기가 초원에서 풀을 뜯어 먹던 돼지를 잡자, 돼지가 큰 소리로 울며 버둥거렸다. 그때 양 한 마리가 다가와 돼지에게 말했다.

"그렇게 큰 소리로 울 필요 없어. 우리는 항상 저 사람에게 잡혀도 그렇게 난리 치지는 않아."

그러자 돼지는 이렇게 대답했다.

"너는 잡히면 털이나 우유를 빼앗길 뿐이지만, 나는 잡히면 잡아먹히기 때문에 아예 목숨을 잃게 돼."

똑같이 양치기에게 잡혀도 돼지와 양은 처지가 다르다. 돼지와 양에 대한 사람들의 기대가 다르기 때문이다. 돼지가 아무리 발버둥 치며 난리를 쳐도 돼지는 돼지일 뿐이다.

돼지에게 요구되는 것과 양에게 요구되는 것은 다르다. 돼지가 '나에게도 양과 같은 것을 요구해 달라'고 아무리 말해도 통하지 않는다. 돼지는 양하고는 다르기 때문이다.

사람도 마찬가지다. 상대의 말에 쉽게 상처받는 사람과 쉽게 상처받지 않는 사람이 있다. 같은 말에 어느 정도 상처받느냐 하는 문제는 사람에 따라 다르다. 같은 말이라도 울면서 난리 치는 사람이 있고 침착한 사람이 있다.

같은 말이 똑같이 받아들여질 리가 없다. 상처받은 사람에게 '뭘 그 정도에 상처받고 고민하는 거야?'라고 말해도 그 사람에게는 해당되지 않는 충고이다. 혹은 '왜 나는 이렇게 금방 상처받는 걸까?' 하고 한탄해도 상처받는 것은 마찬가지다.

사람이 어느 정도 상처를 받느냐 하는 문제는 그 사람이 정할 수 있는 게 아니라 그 사람이 어떤 뇌를 가지고 태어났느냐, 어떤 환경에서 자랐는지에 따라 결정이 된다. 게다가 마음의 상처로 인해 얼마나 괴로운가 하는 문제 또한 사람에 따라 다르다. 상처받으며 성장했지만 의외로 잘 풀리는 사람이 있고, 반대로 좀처럼 풀리지 않는 사람도 있다.

유소년 시절에 생긴 마음의 상처 때문에 살아 있는 동안 계속 괴로워하는 사람이 있는가 하면, 별것 아닌 말로 깊은 상처를 받고 죽을 때까지 괴로워하는 사람도 있다. 그런가 하면 말한 사람은 잊어버린 말 때문에 자살하는 사람도 있다.

이때 치유되지 않는 상처인지, 아니면 지워질 상처인지는

상처 그 자체의 문제가 아니다. 상처를 받은 사람의 마음의
문제이다.

예를 들어 어떤 사람이 대학에 떨어져 죽을 만큼 우울해하
고 있었다. 그런 모습을 보고 누군가는 '뭐 어때? 대학에 떨
어질 수도 있지……'라고 말한다.

대학에 똑같이 떨어졌어도 그 사건에 대한 무게감은 사람
에 따라 다르다. 좋은 대학에 들어가는 것만이 인간의 가치라
고 집에서 세뇌를 받은 사람도 있다. 이처럼 엄청난 부담감을
부모로부터 받은 채 떨어진 사람에게 '뭐 어때?' 하고 위로하
면, 그것은 위로는커녕 조롱처럼 느껴질 수 있다. 그런 말은
의미가 없는 것은 물론이고 오히려 상처를 더 깊게 만든다.

여기서 마음의 이력서 이야기를 해보자. 마음의 이력서란
사람이 살면서 세상과 얼마나 많이 부딪치며 살아왔는지, 그
래서 마음의 근육이 얼마나 단단하게 단련되어 있는지를 가
늠하는 기준이다.

어떤 사람은 아주 사소한 사건에도 땅이 꺼져라 한숨을 쉬
며 주저앉는 걸 볼 수 있다. 그러나 어떤 사람은 엄청난 파도
더미에 떠밀려도 눈 하나 까딱하지 않고 다시 일어나 도전하

는 것을 보기도 한다.

　당신은 어떤 사람이 되고 싶은가? 자기 삶을 위해 당당하
게 세상과 맞서는 모습을 원하지 않는 사람은 없다. 다만 언
젠가부터 살아가기 바쁜 나머지 그러한 용기를 잃어버렸을
뿐이다.
　이제 그때의 용기와 지혜, 그리고 그것을 떠받치는 힘을
되찾아야 한다. 그러한 노력이 마음의 이력서에 채워진다면
당신의 삶은 다시 빛나기 시작할 것이다.

당신은 지금까지 살아온 인생의 이력을
다시 한번 생각해 봐야 한다.

당신이 어떤 일을 하고 있었을 때 마음의 세계에서
무슨 일이 일어났었는지를 말이다.

5

삶의 의미는
사람마다 다르다

어른의 역할이
힘든 사람

사랑받고 자란 사람이 어른이 되면 어른의 역할을 충분히 감당해 내지만 그렇지 못한 사람이 어른이 되면 자기 역할에 많은 어려움을 느끼게 된다.

사람은 단계를 밟으면서 심리적으로 성장해 나간다. 하지만 유아기 때부터 폭넓게 사랑받지 못한 사람은 단순히 사회에 적응하는 유사 성장은 할 수 있어도, 심리적인 성장은 할 수 없고 정서적으로도 성숙할 수 없다.

심리적으로, 그리고 정서적으로 성장하지 못하기 때문에

그는 결국 아무리 나이를 먹어도 어린아이 같은 심성을 버리지 못하게 된다. 어떤 사람의 유치한 언행을 보며 철이 없다고 말하는 것은 바로 이 때문이다.

사람은 아침에 일어나면 얼굴을 씻는다. 하지만 유독 얼굴을 씻는 일을 귀찮아하고 싫어하는 철없는 사람은 어린 시절에 부모님이 아침에 얼굴을 씻겨주던 것이 몸에 밴 것인지 그때의 기억이 싫은 건지 모른다. 어떤 사람은 얼굴을 씻으면서 기분이 좋다고 생각하고, 어떤 사람은 귀찮다고 생각한다. 똑같이 얼굴을 씻더라도 마음 가짐이 다르다는 뜻이다. 이것이 바로 성장의 차이다.

사랑받고 자란 아이는 얼굴을 씻으면서 기분이 좋다고 생각한다. 어려서부터 오감을 온전히 느끼는 방법을 배웠기 때문이다. 사람은 시각, 청각, 미각, 후각, 촉각이라는 감각기관을 통해 외부 자극을 받아들이는데, 어릴 때 충분히 사랑받고 자란 아이는 감각기관의 활용법을 배워서 잘 알고 있다.

그러나 부모에게 혼이 날까 두려움에 눈치를 보며 성장한 아이는 얼굴을 씻는 일이 싫고 버겁기만 하다. 얼굴과 손을 씻으면 기분이 좋아지는 오감을 배우지 못했기 때문이다.

밤에 잠이 들 때도 마찬가지다. 잠들기 전에 씻고 싶어 하는 사람과 귀찮아하는 사람이 있다. 씻고 싶어 하는 사람은 부모가 어린 시절부터 기분이 좋아지는 법을 맛보게 했고, 그런 습관이 몸에 배어 있다.

반면에 그런 습관이 몸에 배지 않은 사람은 씻는 일이 귀찮고 버겁기만 하다. 이러면 겉으로는 씻는다는 행동을 해도 마음에서는 전혀 다른 생각을 하게 된다. 정신분석학자 빅터 프랭클은 이렇게 말한다.

"밤이 되면 필사적으로 잠을 자려고 하는 사람이 있다. 하지만 침대에 눕자마자 바로 잠들려고 하는 것은 수면에 대한 집착일 뿐이다."

밤이 되면 침대에 누워 아무 생각 없이 멍하니 있다가 어느 순간 잠이 든다. 많은 불면증 환자들이 잠을 자려고 자기 자신을 혹독하게 대하는 경우가 많은데, 이는 정말 이해하기 힘든 일이다. 잠을 자기 위해 그렇게 과도한 노력을 할 필요가 있을까?

잠이 오지 않으면 그저 멍하니 앉아 있어도 좋고, 가볍게 산보를 해도 좋다. 그러다 보면 어느 순간 잠이 오게 된다. 빅터 프랭클은 우리에게 억지로 잠을 자려고 하지 않는 것이

숙면을 위해 좋다고 가르쳐 주고 있다.

잠이 들어 있는 동안에도 수면의 내용은 사람에 따라 다르다. 어떤 사람은 무서운 꿈을 꾸느라 깊은 잠에 들 수 없다. 또 어떤 사람은 아무 문제없이 잠들어 아침까지 숙면을 취한다.

아침에 일어나서부터 밤에 잠이 들 때까지, 그리고 수면 중에도 모든 행동의 이면에는 자기 자신이 존재한다. 마음의 세계를 시야에 넣고 모든 행동이 당신 고유의 것임을 잊지 말기 바란다.

삶의 의미는
사람마다 다르다

사람들은 자기실현을 원한다. 자기실현이란 자기가 본래 갖고 있는 능력이나 개성을 발달시켜 완전하게 달성하는 일로, 이는 사람에 따라 전혀 다르다는 점을 알아야 한다.

어떤 사람에게는 자신이 좋아하는 학문을 하는 것이 자기실현이지만, 하기 싫은 공부를 억지로 강요당해 온 사람에게는 '공부가 싫다'는 사실을 깨닫고 그만두는 것이 자기실현이다. 살아가는 의미는 저마다 다르다는 뜻이다.

불교 경전인 능엄경楞嚴經에 '일수사견一水四見'이라는 말이 있다. 하나의 물을 네 가지 입장에서 바라본다는 뜻으로, 아귀에게는 피, 물고기에게는 서식처, 인간에게는 물, 신에게는 유리 보석으로 보인다는 이야기다.

같은 풍경을 보더라도 사람마다 느낌이 다르다. 같은 텔레비전 프로그램을 보고도 사람에 따라 그 느낌이 다르다. 저마다 입장이 다르고 생각에 차이가 있다는 사실을 알면 자연스럽게 자기 자신은 물론이고 남을 이해하는 마음이 생긴다. 그리고 이것이 행복과 불행을 가르는 길임을 잊어서는 안 된다.

결국 타인에 대한 이해와 배려, 그리고 이의를 달지 말고 인정해 주는 자세가 필요하다. 인생은 부메랑같이 내게서 나간 것이 나에게 돌아오는 법이다. 내가 이해받고 인정받으며 살려면 내가 먼저 그렇게 하는 수밖에 없다.

이 책에서 줄곧 논의해 온 유아기의 애정 결핍으로 인해 마음의 그늘을 갖고 있는 사람은 바로 이런 문제에 더 신경을 써야 한다. 내가 먼저 다가서는 것이 인생의 문을 여는 첫걸음임을 잊지 말기 바란다.

하기 싫은 공부를 억지로 강요당해 온 사람에게는

공부를 그만두는 것이 자기실현일 수 있다.

살아가는 의미는 저마다 다르다.

어른인 척 살아가는
당신에게

근면 성실하지만 행복해질 수 없는 사람이 있습니다. 결코 게으르지 않고 계속 노력하며 특별히 이기적으로 행동하지도 않는데 주위 사람들로부터 그다지 호감을 얻지 못합니다.

이는 회사로 치면 인망이 없는 사람입니다. 그리고 가정으로 치자면 성실한 부모지만 그렇다고 해서 반드시 육아에 성공한 케이스도 아닙니다. 요컨대 노력을 보상받지 못하는 사람들입니다.

요즘 시대는 그런 사람들이 아주 많습니다. 이런 문제는 개인의 책임이기도 하지만 그 밑바닥에는 삶의 기초를 가르쳐 주지 못한 부모의 책임이 도사리고 있습니다.

언젠가부터 자기 자식에게 삶의 방식에 대한 책임을 가르쳐 주는 부모가 사라졌습니다. 이런 현상은 사회에 나와서도 마찬가지입니다. 요즘의 회사들은 일에 대한 기술을 가르쳐 주지만 인간으로서의 기본은 말하지 않습니다. 인성이 어떠니, 품성이 어떠니 말은 많지만 결국 기업이 요구하는 것은 기술력입니다.

삶에 대한 올바른 방식을 가르쳐 주지 않기 때문에 모두가 그 자리에서 그때그때 얻어지는 쾌감으로만 움직입니다. 지금 자기 자신을 받아들일 수 없다고 한탄하는 당신이 정말로 불행한 것은 인간교육의 문제 때문이기도 합니다.

기업의 성장 우선주의 또한 인간적인 아름다움이라곤 찾아볼 수 없는 돈의 승부처뿐입니다. 그러나 돈에 관한 이야기는 늘 공허함을 느끼게 할 뿐입니다. 아무리 많은 돈을 가져도 만족할 수 없기 때문입니다.

그렇다고 나의 불행을 세상 탓, 회사 탓으로 돌려도 행복해질 수 없습니다. 자신의 불행에 대한 책임을 타인에게, 또는 회사에 떠넘기면 그다음에 다른 종류의 문제들이 쏟아져 나오게 됩니다.

오늘날에는 근면 성실하지만 마음은 어린아이에 불과한

사람들이 너무 많습니다. 이들을 '유사 성장'을 했다고 말합니다. 이들은 겉으로 보면 성장했지만 내면적으로는 전혀 성장하지 못한 사람들입니다. 유사 성장한 사람은 세상의 풍파를 이겨내기 위해 끝도 없이 에너지를 탕진하다가 곧바로 지쳐 버립니다.

유사 성장으로 어른이 된 사람들은 이렇게 매일 에너지를 소모하기 때문에 몹시 사소한 일만으로도 우울해집니다. 그래서 이런 사람을 신경과민이라 부르는 것입니다.

하지만 그런 식으로 우울해질 것이 아니라 현재의 자기 자신을 자랑으로 삼는 것이 좋습니다. 누구라도 좋아서 유사 성장을 해왔을 리 없습니다. 사실은 누구라도 정서적으로 성숙해지고 싶어 합니다. 그러나 유사 성장을 해온 사람들은 반대입니다.

내면은 유아인데 겉으로는 성숙한 어른의 역할을 연기하는 삶은 지옥입니다. 그들은 그런 지옥을 살아온 것입니다. 정서적으로는 유아인데 사회적으로는 어른이라는 간극 속에서 살면 대개는 속수무책으로 쓰러지고 맙니다. 그럼에도 불구하고 그들은 쓰러지지 않고 오늘까지 잘 살아왔으니 참으로 엄청난 일입니다. 그러니 지금 삶에 지쳐 허덕이고 있다면

이 책을 읽고 '나는 대단하다'고 깨닫기를 바랍니다.

그렇게 되는 것만으로도 이 책의 소명은 다했다고 생각합
니다. 이 책으로 삶에 지친 사람들이 자기 자신을 받아들여서
활력적으로 살아가기를 바랍니다.

옮긴이 **이정은**

고려대학교를 졸업하고 일본 히토쓰바시대학―橋大學대학원에서 석사
학 위와 '한일 근대의 인쇄 매체를 통해 나타난 근대여성 연구'라는 주제
로 박사학위를 받았다. 현재 일본에서 대학강사로 활동하고 있다. 번역서
로《만만하게 보이지 않는 대화법》,《도망치고 싶을 때 읽는 책》,《자기 자
신을 좋아하게 되는 연습》,《의욕이 바닥을 칠 때 읽는 책》등이 있다.

나를 잃지 않고 오늘을 사는 법

초판 1쇄 인쇄일	2022년 07월 18일
초판 1쇄 발행일	2022년 07월 26일

지은이	가토 다이조
옮긴이	이정은
발행인	이지연
주간	이미숙
책임편집	이정원
책임디자인	김은주
책임마케팅	이운섭
경영지원	이지연

발행처	㈜홍익출판미디어그룹
출판등록번호	제 2020-000332 호
출판등록	2020년 12월 07일
주소	서울시 마포구 독막로18길 12, 2층(상수동)
대표전화	02-323-0421
팩스	02-337-0569
메일	editor@hongikbooks.com

ISBN   979-11-9142-086-9 (04180)